〈人物編〉
オールカラー図解
日本史&世界史 並列年表

歴史の読み方研究会

PHP研究所

はじめに

　日本史は単体で歩みを進めてきたのではなく、常に世界史の影響を受けながら動いてきた。同様に世界各国の歴史も独立して存在するのではなく、お互いに影響を与えながら紡がれてきた。「日本」と「世界」で、それぞれの時代を生きた人々がかかわり合って歴史は作られてきたのだ。

　そこで、本書は「日本史」と「世界史」で各時代に活躍した人物を見開きで対比しながら、ひと目でわかるつくりで紹介している。

　「日本史」と「世界史」を別々に見るのではなく、並列して見ることは歴史の理解において大きな助けとなる。また、同じ時代の複数の人物をいっしょに見ることで、ひとりの人物の歴史を追いかけるだけでは見えてこない、その時代の違った姿に気がつくことができるのだ。

　さらに本書は、世界情勢を示した地図上に、歴史人物を配置し、お互いの関係や地理的な関係も理解しやすくなるような工夫を凝らした。

　これにより、日本からはるかな距離を隔てたヨーロッパで活躍した人物の動きが、巡りめぐって日本史を動かす発端となった、というケースもひと目で理解できる。

　たとえば、武田信玄と上杉謙信が川中島で激闘を繰り広げていたとき、ヨーロッパの歴史の中心には誰がいたのか。当時は宗教改革後の新教とカトリックの争いの真っ只中にあり、フランスではカトリーヌ・ド・メディシスがサン・バルテルミーの虐殺を起こしていた。やがてこうした宗教紛争のなかから生まれた反動宗教改革が、ザビエルが日本にキリスト教を伝える発端となっていく。

　近代になると、同時代の出来事が互いに影響を与え合うことがぐんと増えてくる。

　幕末、坂本龍馬が薩長同盟を成立させた頃、プロイセンではビスマルクが宰相の任にあって近代国家建設とドイツ統一に邁進。彼の活躍により生まれたドイツ帝国の仕組みがのちに、明治国家の模範となる。

　一方で、こうした日本史に影響を与えた歴史のほかにも、意外な同年代人の発見も並列年表を眺める楽しみのひとつである。

　江戸時代、渋川春海が暦のズレを正すために奮闘していた頃、フランスでは太陽王と呼ばれたルイ14世が、絶対王政の絶頂期に君臨し、対外戦争を繰り返していた。時代をさかのぼれば、聖徳太子が活躍していた頃、アラブ世界ではムハンマドが登場し、アッラーの啓示を受けている。

　本書は日本史の始まりを起点とした約2000年の歴史の俯瞰図を、「見て楽しい」をコンセプトに、イラスト・写真などビジュアル資料満載でまとめている。また、各時代に生まれた世界遺産や、歴史のターニングポイントとなった戦いをコラムとして取り上げ、解説も施した。

　各項目には同時代の年表を掲載し、紹介する歴史上の人物と深く関わる出来事に番号を付したので、それぞれを参照しながら時代の動きを楽しんでいただきたい。歴史は人間が紡ぐドラマの集成である。歴史の流れを年表で追いつつ、担い手となった人々のドラマを楽しんでいただければ幸いである。

歴史の読み方研究会

Contents

[オールカラー図解]
日本史＆世界史並列年表 人物編

第1章 古代
日本のあけぼのを担った人々と、世界の国家の礎を築いた人々

3世紀（201年～300年）
卑弥呼が魏に遣いを送った頃、
ローマの皇帝がペルシア軍に捕えられた …… 8

4～6世紀（301年～600年）
筑紫国造磐井が反乱を起こした頃、
ユスティニアヌス帝がローマの領土回復に成功！ …… 10

7世紀前期（601年～630年）
聖徳太子が遣隋使を派遣した頃、
ムハンマドは、アッラーの啓示を受けた …… 12

7世紀中期（631年～670年）
藤原鎌足らが蘇我入鹿を斬った頃、
唐の太宗が玄奘に旅行記の編纂を命じた …… 14

7世紀後期（671年～700年）
天武天皇が皇親政治を展開した頃、
則天武后が出世の道を駆け上がった！ …… 16

8世紀前期（701年～750年）
聖武天皇が遷都を繰り返していた頃、
ビザンツ帝国ではレオン3世が聖像禁止令を出した …… 18

8世紀後期（751年～800年）
道鏡が孝謙上皇の寵愛を受けていた頃、
カール大帝がヨーロッパ中で遠征を繰り返した！ …… 20

9世紀前期（801年～850年）
空海によって、日本に密教が伝来！
その頃、エグバードがイングランド統一を果たした …… 22

9世紀後期（851年～900年）
藤原良房により摂関政治の幕が上がった頃、
リューリクがノヴゴロド国を建国した …… 24

10世紀前期（901年～935年）
紀貫之らが『古今和歌集』を編纂した頃、
ヴァイキングの首長ロロがノルマンディー公に封ぜられた！ …… 26

| **10**世紀中期
（936年～970年） | 平将門が朝廷に反旗を翻した頃、
オットー1世によって神聖ローマ帝国が成立！ ……… 28 |

| **10**世紀後期
（971年～1000年） | 藤原道長が我が世の春を謳歌していた頃、
ユーグ・カペーがフランス王に選ばれた ……… 30 |

| **11**世紀前期
（1001年～1039年） | 紫式部が『源氏物語』を執筆。
その頃、クヌートが北海帝国を築いた ……… 32 |

| **11**世紀中期
（1040年～1070年） | 源義家が前九年の役で活躍した頃、
ウィリアム1世がイングランドを征服！ ……… 34 |

第1章の和暦・西暦対照表 ……… 36

第2章 中世
封建時代の混乱を戦い抜いた人々

| **11**世紀後期
（1071年～1100年） | 藤原清衡が後三年の役に勝利！ その頃、ハインリヒ4世が
教皇グレゴリウス7世に謝罪する「カノッサの屈辱」が起きた ……… 38 |

| **12**世紀前期
（1101年～1135年） | 白河法皇が院政を行なった頃、
マティルダがイングランドの王位継承権を争った ……… 40 |

| **12**世紀中期
（1136年～1170年） | 平治の乱に勝利した平清盛が台頭。その頃、
アリエノール・ダキテーヌの再婚がヨーロッパを揺るがした ……… 42 |

| **12**世紀後期
（1171年～1200年） | 源義経が非業の最期を遂げた頃、
サラディンが第3回十字軍からエルサレムを死守！ ……… 44 |

| **13**世紀前期
（1201年～1235年） | 北条政子が鎌倉幕府を守りぬいた頃、
インノケンティウス3世のもとで教皇の権威が絶頂期に達した ……… 46 |

| **13**世紀中期
（1236年～1270年） | 北条時頼が得宗家の権威を固めた頃、
元でフビライ・ハンが即位！ ……… 48 |

13 世紀後期 (1271年〜1300年)	日蓮が『法華経』への帰依を訴えた頃、 ルドルフ1世によってハプスブルク家繁栄の第一歩が刻まれた	50
14 世紀前期 (1301年〜1335年)	後醍醐天皇が鎌倉幕府打倒に不屈の闘志を燃やしていた頃、 教皇ボニファティウス8世が幽閉されるアナーニ事件が勃発！	52
14 世紀中期 (1336年〜1370年)	足利尊氏が室町幕府を開いた頃、 大旅行家イブン・バットゥータが世界中を冒険！	54
14 世紀後期 (1371年〜1400年)	足利義満が南北朝を統一。 その頃、ティムールが中央アジアに大帝国を打ち立てた	56
15 世紀前期 (1401年〜1435年)	琉球が尚巴志によって統一された頃、 百年戦争で劣勢のフランスにジャンヌ・ダルクが登場！	58
15 世紀中期 (1436年〜1470年)	足利義政が応仁・文明の乱のきっかけをつくった頃、 メフメト2世がビザンツ帝国を滅ぼした	60
15 世紀後期 (1471年〜1500年)	北条早雲が小田原城を奪取した頃、 イザベル1世がレコンキスタを完遂！	62
16 世紀前期 (1501年〜1535年)	毛利元就が家督を継いだ頃、 ドイツでルターが宗教改革をスタート！	64

第2章の和暦・西暦対照表 …… 66

第3章 近世・近代
一体化した世界と激動の歴史を紡いだ人々

16 世紀中期 (1536年〜1570年)	武田信玄が上杉謙信と激闘を繰り広げていた頃、 カトリーヌ・ド・メディシスが実権を握るフランスでユグノー戦争が始まった	68
16 世紀後期 (1571年〜1600年)	織田信長が本能寺の変に倒れた頃、 フェリペ2世自慢の無敵艦隊がイングランドに大敗！	70

17世紀前期 (1601年～1635年)	徳川家康が豊臣家を滅ぼした頃、 スウェーデン王グスタフ・アドルフが三十年戦争を戦っていた …… 72
17世紀中期 (1636年～1670年)	徳川家光によって鎖国体制が完成！ その頃、 イギリスのチャールズ1世がピューリタン革命で処刑された …… 74
17世紀後期 (1671年～1700年)	渋川春海が貞享暦を開発した頃、フランスでは 太陽王ルイ14世がヴェルサイユ宮殿の大改修に着手！ …… 76
18世紀前期 (1701年～1735年)	徳川綱吉の「生類憐みの令」が混乱を巻き起こした頃、 ピョートル大帝がペテルブルクを建設！ …… 78
18世紀中期 (1736年～1770年)	徳川吉宗が享保の改革を進めていた頃、 フリードリヒ2世がオーストリア継承戦争を起こした …… 80
18世紀後期 (1771年～1800年)	田沼意次が老中に就任した頃、 アメリカ独立戦争でジョージ・ワシントンが活躍！ …… 82
19世紀前期 (1801年～1835年)	伊能忠敬が全国の測量を開始した頃、 ナポレオンがフランス皇帝に即位！ …… 84
19世紀中期 (1836年～1865年)	井伊直弼が強権を振るっていた頃、 洪秀全が太平天国の乱を起こす …… 86
19世紀後期 (1866年～1900年)	坂本龍馬が薩長同盟を成立させた頃、 ビスマルクが、ドイツの統一に成功！ …… 88
20世紀初頭 (1901年～1920年)	伊藤博文がハルビン駅で暗殺された頃、 ファーブルが『昆虫記』を執筆 …… 90
20世紀中頃 (1921年～1945年)	鈴木貫太郎が 二・二六事件で襲撃された頃、 スターリンが大粛清を行なった！ …… 92

第3章の和暦・西暦対照表 …… 94

第1章

古代

日本のあけぼのを担った人々と、世界の国家の礎を築いた人々

ウァレリアヌス 軍人皇帝 関連事項 2

▶▶▶ 193頃-260頃（在位：253～260）

軍隊によって推戴されたローマ帝国の軍人皇帝。ローマ帝国では息子のガリエヌスと共に共同統治の形式をとっていた。256年にササン朝ペルシアに遠征するがエデッサの戦いでシャープール1世の捕虜となった。

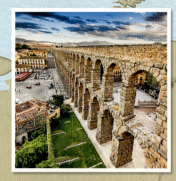

スペインのセゴビアに残るローマ時代の水道橋。ローマの繁栄は高度な建築技術に支えられていた。

260年、シリア・パレスティナ地域を巡りエデッサの戦いで衝突する。

- ローマ
- ビザンティウム
- 黒海
- エデッサ
- カスピ海
- パルミラ
- プルシャプラ
- 地中海
- クテシフォン
- ローマ帝国
- エルサレム
- ササン朝ペルシア
- クシャーナ朝
- アレクサンドリア
- ペトラ
- サハラ砂漠
- ナイル川
- アラビア半島
- サータヴァーハナ朝
- 前期チョーラ朝

3世紀、攻勢に出て衰退へ追い込む。

世界遺産誕生！ ペトラ

死海から約80km南、ヨルダン南東部に位置するペトラは、古代アラブ系民族のナバテア人が築いた王国の首都である。紀元前2世紀頃に建設され、隊商都市として繁栄。1世紀初頭に最盛期を迎えた。106年にローマに征服され、4世紀の地震で衰退した。

シャープール1世 ササン朝の征服王 関連事項 2

▶▶▶ ?-272頃（在位：241～272頃）

ササン朝ペルシア2代目の王。260年、ローマ帝国とのエデッサの戦いに勝利し、ウァレリアヌス帝を捕虜とした。ナクシ=イ=ルスタムの岩壁の戦勝記念碑には、馬に乗ったシャープール1世がローマ皇帝を跪かせるレリーフが刻まれている。ササン朝の中央集権化に努め、文化面ではインド医学や天文学の普及を促し、「イラン人及び非イラン人の諸王の王」を称した。

3世紀（201年～300年）

卑弥呼が魏に遣いを送った頃、ローマの皇帝がペルシア軍に捕えられた

曹操（魏太祖）

▶▶▶ 155-220

乱世の姦雄

字は孟徳。三国時代の国のひとつ魏の太祖、武帝。黄巾の乱鎮圧の功績で西園八校尉になる。後漢の献帝を擁して200年の官渡の戦いで袁紹を破り、華北を手中に収めた。208年、華南制圧を企図した赤壁の戦いで孫権・劉備の連合軍に敗れたものの、その後、関中へと勢力を拡大し、魏公、次いで魏王に封ぜられた。没後の220年、子の曹丕が魏を建国する。関連事項 ❶

魏が遼東の公孫氏を滅ぼすと、239年、邪馬台国が朝貢する。

呉も魏の背後にある邪馬台国との通交を画策していたという。

《この時代の主な出来事》

日本史

2世紀後半	前方後円墳の原型が岡山・楯築墳丘墓で作られる。
184年	卑弥呼が邪馬台国の女王に共立される。❶
239年	卑弥呼が魏に朝貢する。❷
240年	帯方郡太守弓遵が魏の使者として邪馬台国へ至る。❸
243年	倭王、使者8人を遣わし、生口などを献上する。❹
247年	卑弥呼が魏に狗奴国との戦いを報告する。❺
248年	この頃、卑弥呼が没し、箸墓古墳が築かれる。❻
	前方後円墳が各地で築造され始める。
266年	倭王、西晋に入貢する。
	以後5世紀初めまで中国の史書に倭に関する記録が途絶える。

世界史

208年	赤壁の戦いで曹操が大敗を喫する。❶
212年	カラカラがローマ市民権を帝国内の全自由民に付与する。
220年	後漢が滅亡し、魏が取って代わる。
224年	ササン朝ペルシアがパルティアを滅ぼす。
260年	エデッサの戦いが起こる。❷
263年	中国で魏が蜀を滅ぼす。
265年	司馬炎が魏を滅ぼし、西晋を建国する。
273年	ローマがパルミラ王国を滅ぼす。
280年	西晋が呉を滅ぼし、中国を統一する。
284年	ローマ帝国でディオクレティアヌス帝が即位する。
291年	西晋で八王の乱が起こる。
293年	ローマ帝国の四分割統治が始まる。

卑弥呼

▶▶▶ 175-248頃

倭国の女王

邪馬台国の女王。神託によって政治を行なった。239年に中国の魏に朝貢の使者を送り、「親魏倭王」の称号と、金印、銅鏡を下賜された。248年頃、狗奴国との争いのさなかに没したとされ、現在奈良県桜井市の箸墓古墳がその墓として有力視されている。

関連事項 ❶❷❸❹❺❻

ナクシ＝イ＝ルスタムの磨崖壁に刻まれたシャープール1世と跪くヴァレリアヌス帝のレリーフ。

どんな時代？

3世紀の日本は弥生時代の末期にあたる。卑弥呼が邪馬台国の女王となり、239年、中国三国時代の強国魏に朝貢の使者を送った。魏は曹操によって王朝の基礎が築かれたのち、子の曹丕によって後漢・献帝より禅譲を受けて建国された。卑弥呼の遣使は、2代皇帝曹叡が没した直後のことである。

この頃、地中海世界では、ローマ帝国が緩やかな衰退期にあった。260年のエデッサの戦いでは、西アジアに勃興したササン朝ペルシア2代目の王シャープール1世に敗れ、皇帝ヴァレリアヌスが捕虜となった。

第1章 古代──日本のあけぼのを担った人々と、世界の国家の礎を築いた人々

修道院発祥の地となったモンテ・カッシーノ修道院。

ベネディクトゥス ▶▶▶ 480頃-547頃
聖職者・聖人

「ヌルシアのベネディクトゥス」と呼ばれるイタリアの聖職者。ローマで学んだのち、17歳でサビニ山中に隠棲。そこへ多くの弟子が集まったため、12の修道院を建立した。529年、モンテ・カッシーノに修道院を建立し、禁欲・清貧・服従を旨とした修道院生活を行ない、耕作と写本などの活動を奨励した。こうした功績からのちに修道院制度の創始者とされ、1220年に列聖された。
関連事項 **2**

- 529年、ベネディクトスにより、モンテ・カッシーノ修道院が建てられる。
- 561年、アウストラシア、ネウストリアなど部分王国に分裂する。
- 476年に西ローマ帝国を滅ぼすも、493年、東ゴート王国に滅ぼされる。

フランク王国 / 東ゴート王国 / フン族 / ラヴェンナ / スエヴィ王国 / ローマ / オドアケルの王国 / ドナウ川 / 黒海 / コンスタンティノープル / カスピ海 / トレド / 西ゴート王国 / 東ローマ帝国（ビザンツ帝国） / 抗争を続ける。/ サザン朝ペルシア / ヴァンダル王国 / 地中海 / ダマスクス / エルサレム / クテシフォン / 大西洋 / ヌビア / 紅海 / アラビア半島 / ペルシア湾 / アクスム王国

ユスティニアヌス1世 ▶▶▶ 483-565（在位：527～565）
名君

ビザンツ帝国の皇帝。治世初期は安定せず532年にニカの反乱が勃発。一時逃亡を計ったが、皇后テオドラに叱咤され鎮圧に成功したと伝わる。東のササン朝を抑える一方、**ローマ帝国の再興を企図して**、533年にヴァンダル王国を、553年に東ゴート王国を征服するなど、西方への征服活動を積極的に行なった。また、古代ローマ法の集成である『ローマ法大全』を編纂するなど文化事業にも尽力。非常な精励さから「眠らぬ皇帝」と呼ばれた。
関連事項 **1**

《この時代の主な出来事》

日本史

372年	百済より七支刀が贈られる。
478年	倭王武（雄略天皇か?）、宋に遣使する。
507年	**武烈天皇**に子がなく、北陸から**継体天皇**が迎えられる。
527年	**筑紫国造磐井**が反乱を起こす。**1**
528年	**磐井**の反乱が**物部麁鹿火**によって鎮圧される。**2**
538年	百済の**聖明王**が仏像・経典を伝える。（仏教公伝）
540年	**物部尾輿**、任那四県割譲問題で**大伴金村**を糾弾する。
552年	仏教を巡り崇仏論争が起こる。

世界史

313年	ミラノ勅令によりローマ帝国でキリスト教が公認される。
316年	永嘉の乱で西晋が滅亡。翌年、建康に東晋が建国される。東晋以降、華南には宋・斉・梁・陳が続く。
325年	ニケーア公会議でアタナシウス派が正統とされる。
351年	**苻堅**、前秦を建国する。
375年	フン族がヴォルガ川を越え、ゲルマン民族の大移動が始まる。
392年	キリスト教がローマの国教となる。
395年	ローマ帝国が東西に分裂する。
439年	北魏が華北を統一する。
449年	ブリテン島で七王国時代が始まる。
476年	**オドアケル**により西ローマ帝国が滅亡する。
528年	東ローマ帝国で『ローマ法大全』の編纂が始まる。**1**
529年	モンテ・カッシーノ修道院が設立される。**2**
534年	北魏が東魏と西魏に分裂する。
574年	北周の武帝が廃仏を行なう。

4～6世紀（301年～600年）

筑紫国造磐井が反乱を起こした頃、ユスティニアヌス帝がローマの領土回復に成功!

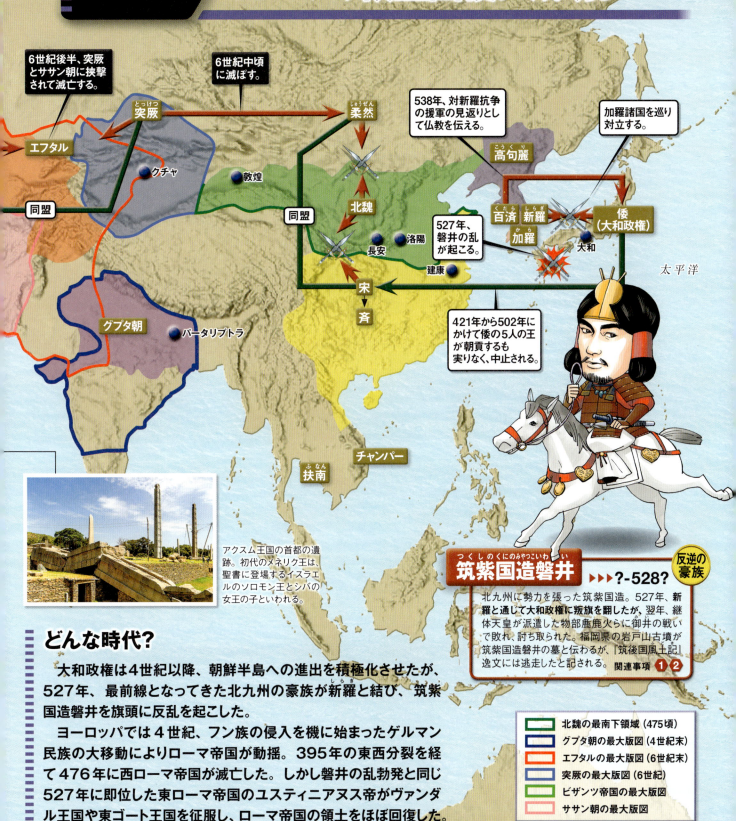

- 6世紀後半、突厥とササン朝に挟撃されて滅亡する。
- 6世紀中頃に滅ぼす。
- 538年、対新羅抗争の援軍の見返りとして仏教を伝える。
- 加羅諸国を巡り対立する。
- 527年、磐井の乱が起こる。
- 421年から502年にかけて倭の5人の王が朝貢するも実りなく、中止される。

アクスム王国の首都の遺跡。初代のメネリク王は、聖書に登場するイスラエルのソロモン王とシバの女王の子といわれる。

筑紫国造磐井（つくしのくにのみやつこいわい） ▶▶▶ ?-528?
反逆の豪族

北九州に勢力を張った筑紫国造。527年、新羅と通じて大和政権に叛旗を翻したが、翌年、継体天皇が派遣した物部麁鹿火らに御井の戦いで敗れ、討ち取られた。福岡県の岩戸山古墳が筑紫国造磐井の墓と伝わるが、『筑後国風土記』逸文には逃走したと記される。 関連事項 ❶❷

どんな時代?

大和政権は4世紀以降、朝鮮半島への進出を積極化させたが、527年、最前線となってきた北九州の豪族が新羅と結び、筑紫国造磐井を旗頭に反乱を起こした。

ヨーロッパでは4世紀、フン族の侵入を機に始まったゲルマン民族の大移動によりローマ帝国が動揺。395年の東西分裂を経て476年に西ローマ帝国が滅亡した。しかし磐井の乱勃発と同じ527年に即位した東ローマ帝国のユスティニアヌス帝がヴァンダル王国や東ゴート王国を征服し、ローマ帝国の領土をほぼ回復した。

- 北魏の最南下領域（475頃）
- グプタ朝の最大版図（4世紀末）
- エフタルの最大版図（6世紀末）
- 突厥の最大版図（6世紀）
- ビザンツ帝国の最大版図
- ササン朝の最大版図

第1章 古代──日本のあけぼのを担った人々と、世界の国家の礎を築いた人々

どんな時代?

7世紀前半、厩戸皇子(聖徳太子)が日本の政界に登場。推古天皇の摂政として、蘇我馬子とともに政治を担当し、遣隋使を派遣して隋との対等外交を実現した。時の隋皇帝は中国最大の暴君とも言われる煬帝。中国に統一をもたらし、大運河の開削などの功績を残す反面、高句麗遠征や土木事業で民を搾取したことで恨みを買った。この頃、東西交易で繁栄するアラビア半島では、ムハンマドがイスラームの教えを唱えてアラビア半島を制圧。ササン朝・ビザンツ帝国との抗争を開始していた。

岩のドーム、ムハンマドの遺志を受け継いだ2代カリフ・ウマルによってエルサレムは占領され、ウマイヤ朝の第5代カリフ、アブドゥル・マリクの命によりムハンマド昇天の岩の上にこのモスクが建てられた。

ユスティニアヌス帝の没後、ランゴバルト王国がイタリア半島を制圧する。

ムハンマド ▶▶▶ 570-632
預言者・開祖

イスラーム教の開祖であり預言者。メッカの支配部族の家に生まれ、商人として成功する。40歳頃、天使ジブリールを通じて**アッラーの啓示を受け、布教活動を行なう**が、メッカの支配層から迫害されたため、信徒とともに北方のメディナへ逃れた。これが聖遷と呼ばれ、イスラーム暦の元年となる。その後、アラビア半島の各部族を改宗させて力をつけ、630年にメッカを征服し、帰還を果たした。

関連事項 ❶❹❺

630年、ムハンマドによって攻略され、カアバ神殿の偶像が破壊される。以後、イスラーム最大の聖地となる。

《この時代の主な出来事》

日本史

600年	倭王**阿毎多利思比孤**が隋に遺使する。❶
603年	**厩戸皇子(聖徳太子)**によって**冠位十二階**が制定される。❷
604年	厩戸皇子によって**憲法十七条**が制定される。
606年	飛鳥大仏が完成する。
607年	**厩戸皇子、小野妹子**を隋に派遣する。❸
608年	**小野妹子**が隋使・**裴世清**とともに帰朝。
	小野妹子らに隋使を送らせる際、**南淵請安、僧旻**らを隋へ派遣する。
620年	**厩戸皇子・蘇我馬子**が『**天皇記**』『**国記**』などを編纂する。❹
623年	新羅へ出兵する。
626年	**蘇我馬子**が没し、桃原墓へ葬られる。
630年	最初の遣唐使が派遣される。
631年	百済王子**豊璋**が人質として来日する。

世界史

604年	**煬帝**、隋の第2代皇帝として即位する。
610年頃	**ムハンマド**によりイスラーム教が成立する。❶
612年	**煬帝**が最初の高句麗遠征を行なう。❷
613年	フランク王国が**クロタール2世**により再統一される。
617年	隋の軍司令官だった**李淵**が、次子の**李世民**らに促され挙兵する。
618年	**煬帝**が殺害され、隋が滅亡。唐が中国を統一する。❸
619年	ムハンマドの最初の妻ハディージャが没する。
622年	**ムハンマド**が、メッカからメディナへ移住する〈ヒジュラ(聖遷)〉。❹
626年	唐で玄武門の変が起こり、**李世民**が即位(太宗)。貞観の治を展開する。
627年	イングランドでノーサンブリア王国が強勢を誇る。
632年	**ムハンマド**がメディナで死去する。❺
	以後、正統カリフ時代が始まる(〜661年)。

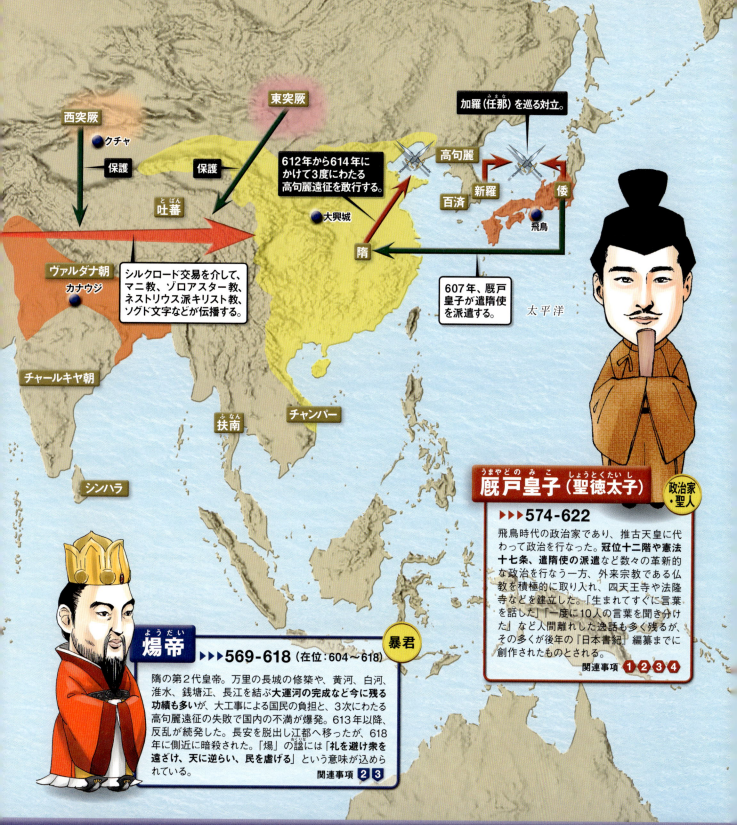

イシドルス
聖職者
▶▶▶ 560頃-636　関連事項 ❶

セビリャ大司教で学者、著作家。西ゴート族およびユダヤ教徒のカトリックへの改宗に尽力した。西ゴート国内では指導者的な立場にあり、王の即位時に行なう塗油式の明文化などを行なう。神学、文学、歴史、科学などに通じ、著書である『語源論』は一種の百科事典として利用され、中世ヨーロッパに影響を与えた。

《この時代の主な出来事》

日本史

638年	山背大兄王、斑鳩に法起寺を建てる。
639年	百済大寺の建立が始まる
643年	蘇我入鹿、山背大兄王とその一族を滅ぼす。
645年	中大兄皇子、中臣鎌足らとともに蘇我入鹿を討ち、蘇我本宗家を滅ぼす（乙巳の変）。❶
	難波宮への遷都が行なわれる。
646年	改新の詔が発布される。❷
649年	右大臣蘇我倉山田石川麻呂が謀反の疑いを受け、自害する。
652年	最初の班田収授法が施行される。
655年	都が飛鳥へ戻る。
658年	有間皇子、謀反の計画が暴露され処刑される。
663年	白村江の戦いで、唐・新羅連合軍の前に、日本軍が大敗を喫する。
667年	近江大津宮への遷都が行なわれる。
668年	近江令が制定されたといわれる。
670年	法隆寺炎上する。

世界史

633年	第4回トレド会議が行なわれ、王の即位時に行なう塗油式が明文化される。❶
638年	第2代正統カリフのウマルがエルサレムを征服する。
641年	イスラーム勢力がエジプトを征服する。
642年	ニハーヴァンドの戦いでイスラーム軍がササン朝に勝利する。
645年	玄奘、インドより唐に帰還。太宗は旅行記の編纂を命じる。❷
649年	ラテラノ公会議でキリスト単性説が排除される。
650年頃	インドのエローラで石窟寺院の開削が始まる。
	スマトラ島にシュリーヴィジャヤ王国が成立する。
651年	イスラーム使節が唐に入貢し、イスラーム教が伝わる。
656年	第3代正統カリフのウスマーンが軍の不満分子によって暗殺される。
660年	朝鮮半島の三国のひとつ百済が滅亡する。
661年	第4代正統カリフのアリーが暗殺され、ムアーウィアがウマイヤ朝を開く。❸
662年	唐、鉄勒を征服する。
668年	唐によって朝鮮半島の高句麗が滅亡する。

地図関連

- アングロ＝サクソン七王国　ロンドン
- アーヘン
- アヴァール王国
- フランク王国
- 第一次ブルガリア王国
- ランゴバルト王国　ローマ
- 西ゴート王国　トレド
- 大西洋
- 地中海
- 黒海
- コンスタンティノープル
- ビザンツ帝国
- ダマスクス
- エルサレム
- ウマイヤ朝
- 紅海
- メディナ
- メッカ

669年、コンスタンティノープルをウマイヤ朝に包囲されるもギリシア火によって撃退する。

抗争

ヨーロッパではフランク王国が分裂と統一を繰り返すなか、ゲルマン民族のキリスト教化が進んでいった。

トレドに司教座が置かれ、イベリア半島のキリスト教の拠点として繁栄する。

ムアーウィア
建国者・名君
▶▶▶ ?-680（在位：661～680）　関連事項 ❸

ウマイヤ朝の創建者。ムハンマドと敵対したメッカの名家に生まれたが、ムハンマドのメッカ征服後に帰順して重用され、639年、正統カリフのウマル1世よりシリア総督に任命された。しかし、656年にカリフ・ウスマーンの暗殺後、第4代カリフのアリーと対立。660年にエルサレムでカリフを自称し、661年のアリーの暗殺でダマスクスにウマイヤ朝を開いた。ディーワーンを創設して官僚機構を整える一方、晩年には実子ヤジード1世を次期カリフに指名し、カリフ世襲化の道を開いた。

7世紀中期（631年～670年）

藤原鎌足らが蘇我入鹿を斬った頃、唐の太宗が玄奘に旅行記の編纂を命じた

玄奘が学んだナーランダ僧院の跡。

藤原鎌足（中臣鎌足）

政治家・革命家

▶▶▶ 614-669　関連事項 ❶ ❷

飛鳥時代の官人。藤原氏の祖。隋への留学経験を持つ南淵請安に師事して学問を学ぶ。請安のもとでは蘇我入鹿と同門だった。645年、乙巳の変で中大兄皇子と共に蘇我入鹿を討ち、蘇我蝦夷を自害へ追い込むと、その後内臣に任命され、中大兄皇子を補佐して**大化の改新**の中心人物となる。不仲となった中大兄皇子とその弟・大海人皇子の間を取り持ったともいわれる。

- 668年に唐によって滅ぼされた高句麗遺民によって、698年に渤海が建国される。
- 657年、唐に滅ぼされる。→ 西突厥
- 630年、唐に征服される。→ 東突厥
- サマルカンド
- カスピ海
- 玄奘、義浄など多くの中国僧が経典を求めてナーランダを訪れる。
- ヒマラヤ山脈
- ヴァルダナ朝
- カナウジ
- パータリプトラ
- ナーランダ
- ペルシア湾
- アラビア半島
- チャールキヤ朝
- パッラヴァ朝
- パーンディヤ朝
- シンハラ
- 吐蕃 → 長安 ← 唐 → 冊封 → 白村江 → 新羅、飛鳥京・倭
- 南詔
- ドヴァーラヴァティー
- チャンパー
- 扶南
- 海上ネットワークの支配権を巡り対立。
- シュリーヴィジャヤ王国
- 太平洋
- 663年、白村江の戦いで激突。唐が圧勝し、倭は百済復興を断念する。

705年にウマイヤ朝第6代カリフ、ワリード1世により建てられたダマスクスのウマイヤド・モスク（シリア内戦前）。

李世民（唐太宗）

名君

▶▶▶ 598-649（在位：626～649）

中国、唐朝の第2代皇帝、太宗。隋末の混乱期に父・李淵に挙兵を促し、唐朝の樹立に大きく貢献した。626年の玄武門の変で兄の李建成を殺害し、李淵から譲位を受け皇帝となる。律令制度などを整備し、「貞観の治」と呼ばれる善政を展開したが、晩年は後継者問題に悩まされた。

関連事項 ❷

- 李淵（高祖）の中国統一時の唐の版図
- 高宗時代の唐の最大版図

どんな時代？

　隋に取って代わった唐では、626年、玄武門の変を経て李世民が即位。日本では蘇我氏が政治の中心にあったが、これを中大兄皇子・中臣鎌足らが打倒する乙巳の変が起こり、中央集権化を企図した大化の改新が進んだ。

　一方、アラビア半島を制したイスラーム勢力では、4代カリフのアリーとシリア総督ムアーウィアが対立。最初の王朝であるウマイヤ朝がムアーウィアによって打ち立てられた。

第1章　古代——日本のあけぼのを担った人々と、世界の国家の礎を築いた人々

《この時代の主な出来事》

日本史

671年	**大海人皇子**、吉野へ隠棲。天智天皇没す。❶
672年	壬申の乱が勃発し、**大海人皇子**が**大友皇子**の近江朝を破る。❷
673年	壬申の乱に勝利した**大海人皇子**が即位し、**天武天皇**となる。❸
679年	**天武天皇**、吉野で皇子、皇后とともに盟約を交わす。❹
681年	草壁皇子立太子。
686年	天武天皇没。大津皇子が謀反の嫌疑をかけられ自害する（大津皇子の変）。
689年	草壁皇子没。飛鳥浄御原令が施行される。
690年	鸕野讚良皇女が即位し、**持統天皇**となる。庚寅年籍が作成される。
694年	藤原京への遷都が行なわれる。
697年	**持統天皇**、草壁皇子の子軽皇子に譲位する。
700年	日本初の火葬が行なわれる。

世界史

671年	唐僧・義浄がインドへ旅立つ。
674年	ウマイヤ朝がコンスタンティノープルを包囲する。
676年	新羅、唐を排除して朝鮮半島を統一する。
680年	カルバラーの戦いで、**アリー**の息子**フサイン**が戦死する。**ムアーウィア**、没す。
687年	フランク王国メロヴィング朝の宮宰、**中ピピン**（ピピン2世）、実権を握る。
690年	唐の**高宗**の皇后であった**武后**が即位して**則天武后**となり、国号を周に変える。❶
692年	エルサレムで岩のドームが完成する。
694年	**義浄**がインドから唐へ帰国する。この頃、マニ教が中国（唐）へ伝来する。
697年	イスラーム勢力が北アフリカをほぼ制圧する。ヴェネツィアでドージェ（総督）が初めて選出され、ビザンツ帝国の直接支配を脱する。
698年	**大祚栄**が渤海国の前身となる震国を建国する。

凡例：
- 高宗時代の唐の最大勢力範囲
- ■ 六都護府所在地
- ウマイヤ朝の支配領域
- 7世紀の主な交易路

西ゴート王国の首都として栄えたトレドの街並み。

674年、ウマイヤ朝がコンスタンティノープルを包囲する。

687年、テルトリーの戦いで勝利したアウストラシアの宮宰ピピン（中ピピン）が全フランク王国の実権を握る。

建国間もないウマイヤ朝が勢力を拡大したが、イスラーム教が多数派のスンニー派と、4代カリフ・アリーとその子孫のみを正統とするシーア派に分裂した。

イスラーム教最大の聖地、メッカのカアバ神殿。

どんな時代？

　天智天皇が671年に没すると天智天皇の弟・大海人皇子と、天智天皇の子・大友皇子との間で壬申の乱が勃発。勝者となった大海人皇子により、律令体制構築が進められた。

　その頃唐は太宗・高宗と帝位が継承されるなかで全盛期を迎えていたが、高宗の后・武后が権力を持つ。武后は690年、即位して則天武后となり周を建国するに至る。

則天武后(そくてんぶこう) ▶▶▶ 624-705 （在位：690〜705） 【女帝】

中国、唐の高宗の皇后。中国史上唯一の女帝。太宗の後宮に入り、帝の没後尼となったが、次期皇帝の高宗に見出される。皇后王氏を陥れて皇后となると、660年から高宗に代わって政治の実権を握り、高宗没後の690年、自らが即位。唐に代わって周を建てた。自らを弥勒菩薩の生まれ変わりと称する一方、改称・改変を好み、20字程度の「則天文字」を作成している。次代の中宗の皇后・韋后とともに2代にわたり皇后が政治の実権を握って政治が混乱した時代として「武韋の禍」とされるが、則天武后の時代は民衆反乱も起こらず安定した時代であった。
関連事項 1

壬申の乱の激戦地となった瀬田の唐橋。

天武天皇（大海人皇子）(てんむてんのう／おおあまのおうじ) ▶▶▶ 631頃-686 （在位：673〜686） 【名君】

天智天皇の皇太弟として大化の改新を支えたが、671年、天智天皇の崩御に先立って吉野に出家。天智天皇が没した後に挙兵（壬申の乱）。近江や大和などで大友皇子の軍を破り、大津宮を陥落させると、飛鳥浄御原宮で即位した。以後、皇親政治を展開するなかで八色の姓をはじめ中央集権体制を整えるとともに、律令国家体制を整備した。
関連事項 1 2 3 4

世界遺産誕生！　竜門石窟

北魏が洛陽に遷都した5世紀末に開削が始まり、隋代を経て唐代にも受け継がれ、400年以上にわたって彫り続けられた石窟寺院。西山（龍門山）と東山（香山）からなり、計2345窟、50の仏塔と10万余体の仏像が彫り出されている。
竜門最大の大窟が、唐の3代皇帝・高宗の勅願により開削された西山の奉先寺洞で、高さ、幅がそれぞれ30メートル以上ある。その像造題記によると、672年、皇后の武后（のちの則天武后）が2万貫を寄付して竣工を促し、3年後に落成したとあり、武后肝入りの計画だった。高さが17メートルにも及ぶ本尊の盧舎那仏のモデルは、則天武后自身であるともいわれている。

7世紀後期
（671年〜700年）

天武天皇が皇親政治を展開した頃、則天武后が出世の道を駆け上がった！

カール・マルテル　名宰相

▶▶▶ 689頃-741

フランク王国の宮宰。732年、ピレネー山脈を越えて侵入したウマイヤ朝をトゥール・ポワティエ間の戦いで破り、西ヨーロッパをイスラーム勢力の侵入から守った。没後は子のピピン3世がカロリング朝を樹立する。関連事項 ❸

《この時代の主な出来事》

日本史

701年	大宝律令が完成する。
708年	和同開珎が発行される。
	※この頃高松塚古墳が築造される。
710年	平城京への遷都が行なわれる。
712年	太安万侶が『古事記』を撰上する。
718年	藤原不比等らにより『養老律令』が撰定される。
720年	舎人親王により『日本書紀』が撰上される。
723年	三世一身法が制定される。
727年	渤海使が初来日する。
729年	長屋王が謀反の嫌疑を受け自害する（長屋王の変）。
740年	光明子、立后される。❶
	藤原広嗣の乱が起こる。❷
	聖武天皇、恭仁京の建設を開始する。❸
741年	国分寺建立の詔が出される。❹
743年	大仏建立の詔が出される。❺

世界史

705年	則天武后が実権を失い、まもなく病死する。
711年	西ゴート王国がウマイヤ朝によって滅ぼされ、イスラーム勢力がイベリア半島へ進出する。
712年	唐で玄宗が即位し、開元の治が始まる。❶
	イスラーム勢力、インドに侵入する。
726年	ビザンツ帝国のレオン3世、聖像禁止令を出す。❷
732年	フランク王国の宮宰カール・マルテル、トゥール・ポワティエ間の戦いでウマイヤ朝軍を破る。❸
744年	ウイグルが東突厥を滅ぼし、モンゴル高原に建国する。
745年	玄宗、楊太真を妃とする（楊貴妃）。❹
750年	アブー・アル・アッバース、ウマイヤ朝を滅ぼし、アッバース朝を建てる。
	この頃、インド、ベンガル地方にパーラ朝が成立する。

地図上の注記：
- 711年、ウマイヤ朝が西ゴート王国を滅ぼす。
- 732年、トゥール・ポワティエ間の戦いで激突。
- 740年、アクロイノンの戦いでビザンツ帝国が勝利する。
- 750年、アッバース家革命軍によって滅ぼされる。

世界史を変えた戦い　732年　トゥール・ポワティエ間の戦い

732年、アブドゥル・ラフマーンに率いられたアル・アンダルスのウマイヤ朝軍が、ピレネー山脈を越えてフランク領内に侵入。迎撃に出たフランク王国の宮宰カール・マルテルは、ポワティエ近郊でこれを打ち破った。結果、ウマイヤ朝の進撃はイベリア半島で停止する。

『トゥール・ポワティエ間の戦い』
シャルル・ド・シュトイベン
（ヴェルサイユ宮殿美術館所蔵）

8世紀前期（701年～750年）

聖武天皇が遷都を繰り返していた頃、ビザンツ帝国ではレオン3世が聖像禁止令を出した

レオン3世 ▶▶▶ 685頃-741 （在位：717～741）

ビザンツ皇帝

ビザンツ帝国の皇帝で、イサウルス朝の創始者。北シリアに生まれ、軍隊で昇進を重ねてアナトリアの軍管区司令官にまで出世すると、717年、テオドシウス3世を廃し帝位についた。ウマイヤ朝のコンスタンティノープル包囲を退け、小アジアの大半をイスラーム勢力から奪回するなど、軍事的功績を重ねる一方、726年に**最初の聖像禁止令を発布**。聖像破壊運動を引き起こして教会の東西分裂の一因を生んだ。

関連事項 2

玄宗（げんそう） ▶▶▶ 685-762 （在位：712～756）

中興の名君

唐の第6代皇帝。本名は李隆基。710年にクーデターを起こして第4代・中宗を毒殺した韋后親子とその一党を排除し、父、睿宗を復位させる。712年に帝位につくと「**開元の治**」と呼ばれる善政を行ない、唐の全盛期を現出させた。しかし、晩年は楊貴妃に溺れ政治を蔑ろにしたため、安史の乱を招く。

関連事項 1 4

はじめ、唐・突厥に従っていたが、8世紀に強大化し、744年に東突厥を滅ぼした。

ウイグル
東突厥
突騎施
カスピ海
バグダード
カシュガル
クチャ
吐蕃
ラサ
ヒマラヤ山脈
ラージプート諸王朝
ヴァラビ朝
チャールキヤ朝
アラビア半島
パッラヴァ朝
パーンディヤ朝
シンハラ
南詔
チャンパー
カンボジア
シュリーヴィジャヤ

唐が復活し、玄宗のもとで繁栄を謳歌した。

朝貢使を派遣する。
渤海
朝貢使を派遣する。
新羅
長安
唐
日本
平城京
太平洋

たびたび唐を攻撃する。

大宝の遣唐使（701）以来、定期的に遣唐使を派遣。阿倍仲麻呂や井真成などが玄宗に仕えた。

8世紀、陸真臘と水真臘に分裂する。

聖武天皇（しょうむてんのう） ▶▶▶ 701-756 （在位：724～749）

名君

文武天皇の子で首皇子。724年に元正天皇の譲位をもって即位し、729年の長屋王の変ののち、藤原不比等の娘・光明子を皇后とする。740年に藤原広嗣の乱が勃発すると、以降遷都を重ね、恭仁京、紫香楽宮、難波京と都を転々と遷したのちに、746年に再び平城京へ帰還した。**鎮護国家の思想**に基づき全国に国分寺・国分尼寺の建立を命じる一方、**大仏建立の詔**を下して全国に協力を訴え、752年に念願の開眼供養会を挙行した。

関連事項 1 2 3 4 5

どんな時代？

8世紀の前半、日本では律令国家体制が整い、国号を「日本」と定めた旨を伝える遣唐使が、則天武后治世下の周へと派遣された。710年には藤原京から平城京へと都が移り、聖武天皇が即位。長屋王の変や藤原広嗣の乱など、権力闘争が相次ぐなか、聖武天皇は仏教国家造りに執心した。

中国では唐が復活し、玄宗が開元の治と呼ばれる唐の全盛期を実現し、繁栄を謳歌した。

一方ヨーロッパ世界では東西教会の分裂が進む。ビザンツ帝国で出された聖像禁止令に対し、ローマの西方教会が反発。聖界の主導権争いが繰り広げられた。そうしたなかで、732年、フランク王国がウマイヤ朝をトゥール・ポワティエ間の戦いで撃破。のちの西方教会の庇護者が胎動を始めていた。

第1章 古代──日本のあけぼのを担った人々と、世界の国家の礎を築いた人々

カール大帝

征服王

▶▶▶ 742/743-814（在位：768～814）

フランク王国カロリング朝の王。ピピン3世（小ピピン）の子で、カール・マルテルの孫。父の没後フランク王となり、以後、在位46年の間に53回の遠征を行ない、ザクセン族やランゴバルト王国を討ち、イスラーム教徒を駆逐して大勢力を築き上げた。800年、ローマ教会からローマ皇帝の冠を与えられ、カトリックの庇護者となった。内政面においては地方に「伯」を置いて統治機構を整え、産業や学芸の育成に努めた。宮廷のあるアーヘンには各地の学者が集められ、学芸が発達。「カロリング＝ルネサンス」と呼ばれた。

関連事項 ② ④ ⑤

世界史を変えた戦い

751年 タラス河畔の戦い

唐の圧迫を受けた中央アジア諸国がアッバース朝に救援を求めたのを契機に、アッバース朝軍が東進。唐も高仙芝に率いられ、クチャを出撃した。
両軍はタラス河畔で激突したが、唐軍に属していた遊牧民カルルクの寝返りによって唐軍が総崩れとなった。捕虜のなかに紙漉き職人がいたため、サマルカンドへと移されて製紙法がイスラーム圏に伝播したという。
また、敗戦により唐の勢力は減退。安史の乱が勃発したこともあり、河西回廊からの撤退を余儀なくされた。以後同地はウイグルと吐蕃の争奪の舞台となり、両国がシルクロードを制圧した。こうして唐の中央アジア進出はとん挫し、イスラーム化の一因となった。

凡例：
- 8世紀後期における唐の勢力圏
- ローマ教皇領
- イスラーム勢力圏

地図ラベル：
アングロ＝サクソン七王国／西ゴート王国の遺民により建国。イベリア半島奪還を目指すレコンキスタを開始する。／アストゥリアス王国／フランク王国／アーヘン／ポワティエ／ランゴバルト王国（滅ぼす。）／ローマ／アヴァール王国／第一次ブルガリア王国／ハザール／黒海／コンスタンティノープル／ビザンツ帝国／カスピ海／サマルカンド／クチャ／カシュガル／ヒマラヤ山脈／大西洋／後ウマイヤ朝／チュニス／地中海／ダマスクス／エルサレム／アレクサンドリア／バグダード／抗争／アッバース朝／ペルシア湾／メッカ／紅海／アラビア半島／アクスム王国／イドリース朝／プラティハーラ朝／ラーシュトラクータ朝／チャールキヤ朝／パッラヴァ朝／パーンディヤ朝／シンハラ

756年 ピピンの寄進
ランゴバルト王国征服によって得たラヴェンナを教皇領としてローマ教皇に寄進する。

どんな時代？

751年、フランク王国の宮宰小ピピンがメロヴィング朝の王を廃して王となり、カロリング朝が成立した。その子カール1世は、ヨーロッパ各地に遠征を繰り返して広大な領土を手に入れると、800年、ローマ皇帝の冠を与えられてカトリック教会の庇護者となる。

その頃唐では玄宗が楊貴妃との老いらくの恋に走り、政治を混乱させたため、安史の乱が起こっていた。

日本においても聖武天皇の没後に即位した孝謙上皇が道鏡を寵愛して恵美押勝の乱を招いた。

スンニー派を保護する一方で、アラブ人の徴税面での優遇を解消し、ムスリムの平等を実現。ハールーン・アッ・ラシードのもとで全盛期を迎えた。

ハールーン・アッラシード

名君

▶▶▶ 766-809（在位：786～809）

アッバース朝第5代カリフ。アッバース朝全盛期のカリフで、『千夜一夜物語』にもたびたび登場する。即位後は政治をバルマク家一門に委ねていたが、同家の権勢が強大になりすぎたために、803年にこれを断絶させ、親政を開始した。対外的には、3度にわたってビザンツ帝国に侵攻して朝貢を誓わせた。貿易と産業を振興し、学芸運動を奨励、文化の花が開いて王朝の黄金時代が到来した。

関連事項 ③

8世紀後期（751年～800年）

道鏡が孝謙上皇の寵愛を受けていた頃、カール大帝がヨーロッパ中で遠征を繰り返した！

安禄山 ▶▶▶ 705-757 関連事項 ❶ 反逆の節度使

唐代のソグド系軍人。商人の身から節度使の幕僚となって台頭。玄宗と楊貴妃に重用されて平盧・范陽・河東など3つの節度使を兼任し、強大な軍事力を有した。しかし、楊国忠との対立を深め、755年に部下の**史思明**とともに決起して安史の乱を起こす。長安を陥れて大燕皇帝を自称したが、757年に次子の安慶緒に殺害された。

遣唐使を派遣して唐の制度（律令・公地公民・都城・暦など）を輸入し、律令国家づくりを進めた。また、中華思想を取り入れて新羅や渤海を朝貢国と位置づけた。

755年、安史の乱が勃発。長安を攻略するなど763年まで猛威を振るい、唐を混乱に陥れた。

道鏡 ▶▶▶ ?-772 関連事項 ❶❷ 怪僧

奈良時代の僧。重い病にかかっていた孝謙上皇を治療したことにより寵愛を受ける。恵美押勝の乱の後、孝謙上皇が重祚し、称徳天皇になると、太政大臣禅師に任じられ、翌年には天皇に準じる法王の位を与えられた。野心家であった道鏡は**宇佐八幡宮の神託**を利用して帝位も望んだが、和気清麻呂によって阻止された。

楊貴妃 ▶▶▶ 719-756 関連事項 ❶ 傾国の美女

本名は楊玉環といい、唐の玄宗の寵愛を受けた宮女。玄宗の第18子、寿王・李瑁の妃となったが、玄宗の目に止まり寵愛を受けるようになる。その生活は、白居易や杜甫などの詩や小説の題材となった。開元の治と呼ばれる善政を敷いた玄宗も晩年は政治に倦み、やがて安史の乱が起こる。楊貴妃はその元凶と恨まれ、756年、帝室の長安脱出後、縊死を命じられた。

《この時代の主な出来事》

日本史

752年	東大寺大仏の開眼供養が行なわれる。
754年	日本の依頼を受け、唐から**鑑真**が来日。**聖武天皇**らに授戒する。
757年	**橘奈良麻呂**の変が起こる。
758年	**孝謙天皇**が譲位し、**淳仁天皇**が即位する。藤原仲麻呂、「**恵美押勝**」の名を賜る。
764年	9月、恵美押勝の乱が勃発する。10月、**淳仁天皇**を廃して淡路に配流し、**孝謙上皇**が重祚する。
769年	宇佐八幡宮神託事件が起こり、**和気清麻呂**が大隅国に流される。❶
770年	**称徳天皇**没し、**道鏡**が下野薬師寺別当に左遷される。❷
781年	**桓武天皇**が即位する。
784年	長岡京への遷都が行なわれる。
785年	長岡京建設の責任者**藤原種継**が暗殺され、桓武天皇の弟**早良親王**が流罪となる。
788年	**最澄**が比叡山に延暦寺を建立する。
794年	平安京への遷都が行なわれる。
797年	**坂上田村麻呂**、征夷大将軍に任命される。

世界史

751年	唐の**高仙芝**が中央アジアに遠征するも、タラス河畔でアッバース朝軍に敗れる。フランク王国で**カール・マルテル**の子**小ピピン**が国王となりカロリング朝が成立する。
755年	唐で節度使**安禄山**が反乱を起こす。（安史の乱）❶
756年	フランク王**小ピピン**、ラヴェンナをローマ教皇に寄進する。（ピピンの寄進）ウマイヤ家の**アブド・アッラフマーン1世**により、イベリア半島に後ウマイヤ朝が興る。
768年	**カール1世（カール大帝）**がフランク国王に即位する。❷
780年	唐で宰相**楊炎**の建議により両税法が施行される。
786年	**ハールーン・アッラシード**がカリフとなり、アッバース朝が最盛期を迎える。❸
789年	シーア派のイドリース朝がモロッコに成立する。
790年頃	インドネシアでボロブドゥールの建設が始まる。
791年	フランク王**カール1世**がアヴァール人を征討する。❹
793年	ノルマン人、リンディスファーン修道院を襲撃する。
800年	フランク国王**カール1世**、ローマ教皇から「ローマ皇帝」の冠を受ける。（カールの戴冠）❺

第1章　古代——日本のあけぼのを担った人々と、世界の国家の礎を築いた人々

エグバート
▶▶▶ 775頃-839（在位：802～839）

ウェセックス王、イングランド王。少年時代は王位をめぐる内紛のためにフランク王国へ亡命しカール大帝の保護を受けた。802年に帰国して即位すると勢力の回復に努め、アングロ＝サクソン系の七王国を征服し、**イングランド統一**を果たす。また、侵入したノルマン系デーン人（ヴァイキング）を撃退した。 関連事項 **2**

建国の名君

凡例
- 9世紀における唐の勢力圏
- ローマ教皇領
- イスラーム勢力圏

《この時代の主な出来事》

日本史

802年	**坂上田村麻呂**が胆沢城を築城する。
803年	**坂上田村麻呂**が志波城を築城する。
805年	**最澄**帰国し、翌年天台宗を開く。
806年	**空海**帰国し、真言宗を開く。**1**
810年	薬子の変が起こる。
819年	**空海**が高野山で金剛峯寺建立に着手する。**2**
820年	**藤原冬嗣**ら、弘仁格式を編纂する。
838年	事実上最後の遣唐使が派遣される。
842年	承和の変。**藤原良房**が橘逸勢、伴健岑らを謀反の疑いで流罪とする。
848年	唐留学中に会昌の廃仏に直面した**円仁**が帰国する。

世界史

802年	**ジャヤヴァルマン2世**、カンボジアを統一し、アンコール朝を立てる。
806年	**白居易**の『長恨歌』が成る。**1**
827年	イスラーム教徒がシチリア進出を開始し、902年に征服する。
829年	ウェセックス王**エグバート**がイングランドを統一する。**2**
830年	アッバース朝、バグダードに「知恵の館」を建設する。
833年	アッバース朝でトルコ人奴隷（マムルーク）による親衛隊が組織される。
840年	ウイグルが反乱とキルギスの攻撃により崩壊し、部族は離散する。
843年	ヴェルダン条約により、フランク王国が西フランク（フランス）、中部フランク（イタリア）、東フランク（ドイツ）の3国に分裂する。※この頃からヴァイキングのヨーロッパ進出が盛んになる。
845年	唐の**武宗**が仏教を弾圧する（会昌の廃仏）。
850年	デーン人がイングランドに侵入する。

793年のリンディスファーン修道院襲撃以降、ノルマン人（ヴァイキング）の活動が活発化する。

843年、ヴェルダン条約によりフランク王国が三分される。

アングロ＝サクソン七王国／アーヘン／パリ／西フランク王国／東フランク王国／中部フランク王国／大西洋／アストゥリアス王国／ハザール／第一次ブルガリア王国／黒海／ローマ／コンスタンティノープル／後ウマイヤ朝／チュニス／ビザンツ帝国／勢力均衡／地中海／イドリース朝／アレクサンドリア／アッバース朝／紅海／アクスム王国／メッカ

第二次民族移動の主役として猛威をふるったヴァイキングのロングハウス。

9世紀前期（801年〜850年）
空海によって、日本に密教が伝来！
その頃、**エグバート**がイングランド統一を果たした

白楽天（白居易） ▶▶▶ 772-846
官僚・詩人

中国唐朝の詩人。作品は散文・詩文合わせて3800余作にのぼり、唐代最多の作品数と言われている。幼い頃から勉学に励み、官僚となる。玄宗と楊貴妃の恋愛を歌った『長恨歌』で名声を得るが、厳しい政治批判を繰り返したために地方官に左遷される。その後、中央に戻るが詩と酒と琴を三友とする晩年を送った。 関連事項 ❶

東北経営の拠点のひとつとして築かれた志波城の外郭南門。

840年、キルギスの攻撃を受けて崩壊。唐が軍事的後ろ楯を失う一方、西へ遁走した人々がイスラム世界で奴隷軍人マムルークとなる。

中央の命令に服さない節度使を討伐し、朝威を回復させた憲宗が820年に宦官によって暗殺されるなど安定を欠いたものの、文化・経済の面では繁栄が続く。

大和朝廷による東北進出が活発化し、これに反発した蝦夷との間に38年にわたる戦争が勃発した。

イスラム交易圏の中心として繁栄。

821年、ホラーサーン地方にて独立。

9世紀半ば、分裂して崩壊する。

渤海使を送る。

遣唐使を継続。

【地図内地名】
カスピ海／ターヒル朝／サマルカンド／バグダード／ペルシア湾／カシュガル／クチャ／吐蕃／ラサ／ヒマラヤ山脈／プラティハーラ朝／ラーシュトラクータ朝／チャールキヤ朝／パッラヴァ朝／パーンディヤ朝／シンハラ／イラン・イスラム商人／アラビア半島／インド商人／南詔／ビュー／アンコール朝／チャンパー／シュリーヴィジャヤ／シャイレンドラ朝／ウイグル／長安／唐／渤海／新羅／蝦夷／平安京／平城京／日本／太平洋／滅ぼす

空海 ▶▶▶ 774-835
密教僧・開祖

平安時代の僧で、真言宗の開祖。山林などで修行を積む傍ら『聾瞽指帰』を著わした。804年、留学生として入唐し、長安で密教の正統を受け継ぐ恵果に師事して**大悲胎蔵の学法灌頂および金剛界の灌頂**を受け、2年後に帰国した。帰国後は高雄山寺に住み最澄と交流したが、密教に対する理解の違いから816年に決別。その後は高野山を開き、公的修法を行ないながら真言宗の興隆に努めた。死後には弘法大師の諡号が与えられた。 関連事項 ❶❷

どんな時代？

　794年に平安京への遷都が行なわれた日本では、大和朝廷による東北進出が活発化し、これに反発した蝦夷との間に38年にわたる戦争が勃発した。また、最澄と空海が唐より帰国して密教を日本へともたらし、平安仏教の担い手として活躍した。

　ヨーロッパでは793年のリンディスファーン修道院襲撃以降、ノルマン人（ヴァイキング）の活動が活発化するなか、フランク王国はヴェルダン、メルセン両条約を経て東フランク、中部フランク、西フランクに分割。それぞれ神聖ローマ帝国およびドイツ、イタリア、フランスの基礎を成すにいたる。

第1章　古代 ── 日本のあけぼのを担った人々と、世界の国家の礎を築いた人々

キエフ公国の故地ノヴゴロドの聖ソフィア大聖堂。

9世紀後期（851年〜900年）

藤原良房により摂関政治の幕が上がった頃、**リューリク**がノヴゴロド国を建国した

朱全忠(しゅぜんちゅう) ▶▶▶ 852-912 (在位：907～912)

反逆者・後梁皇帝

中国、五代後梁の初代皇帝。黄巣の反乱に参加したが、唐に帰服し宣武軍節度使となる。乱を鎮定した功績で梁王に封ぜられたが、907年に哀帝に禅譲を迫り、唐を滅ぼして後梁を建てる。これを機に各地で軍事政権が起こり、以降979年まで続く五代十国の乱世の始まりとなる。関連事項 ❸

875年～884年にかけて王仙芝・黄巣の乱が起こり、黄河流域から広東に至る広大な地域が戦乱の渦に巻き込まれる。

菅原道真を祀る北野天満宮。

唐の政情不安により、遣唐使は838年以降停止状態となる。

藤原良房(ふじわらのよしふさ) ▶▶▶ 804-872

摂政・太政大臣

平安時代の公卿。藤原冬嗣の子。嵯峨天皇に重用され、皇女潔姫を降嫁される。藤原北家への権力の集中を図り、妹、順子の生んだ道康親王を皇太子に立てた。道康親王が文徳天皇として即位すると、天皇の外戚として権力を掌握し、さらに文徳天皇と娘、明子を結婚させ、その子である惟仁親王を皇太子に立てた。惟仁親王は清和天皇として即位し、応天門の変後、人臣ではじめての摂政になった。関連事項 ❶❷❸

《この時代の主な出来事》

日本史

857年	藤原良房、太政大臣に就任する。❶
858年	藤原良房、事実上の摂政となる。❷
866年	応天門が炎上し、伴善男が流罪となる。(応天門の変) ❸
876年	清和天皇が譲位し、陽成天皇が即位する。
884年	藤原基経が陽成天皇を廃位し、光孝天皇が即位する。
887年	光孝天皇が没し、宇多天皇が即位する。
	藤原基経、初の関白となる。
889年	高望王が平姓を賜る。(桓武平氏の創始)
894年	菅原道真の建議により遣唐使が廃止される。

世界史

862年	ノルマン人ルーシ族のリューリクがノヴゴロド国を建国する。❶
870年	メルセン条約により中部フランクが東西に二分割される。
871年	アルフレッド大王がイングランドの王となる。❷
875年	唐で黄巣の乱が起こる。❸
	中央アジア初のイラン系イスラーム王朝であるサーマーン朝が興る。
	中部フランクのカロリング朝が断絶する。
878年	イングランドにおけるデーン人の支配地域がデーンロウとして認められる。❹
882年	オレーグがリューリクの子イーゴリを擁してキエフ大公国を建てる。❺
885年	ノルマン人のパリ包囲をパリ伯ウードが撃退する。
888年	パリ伯ウード、ランス大聖堂で戴冠し、西フランクの王となる。
896年	ハンガリーに騎馬民族が定住する。

どんな時代?

842年の承和の変で大納言となった藤原良房は、857年に人臣としてはじめて太政大臣となり、藤原氏による摂関政治の幕開けを担った。

この頃の唐は動乱の渦中にあり、いよいよ最期のときが近づいていた。875年に黄巣の乱が起こり、黄河流域から広東に至る広大な地域が戦乱の渦に巻き込まれた。反乱軍は880年12月、首都長安に入城すると唐の百官諸大夫を殺戮するなど、唐を混乱に陥れた。ヨーロッパではノルマン人の活動がいよいよ活発化し、イングランドのアルフレッド大王、フランスのパリ伯ウードらが迎撃戦に活躍した。

第1章 古代 ── 日本のあけぼのを担った人々と、世界の国家の礎を築いた人々

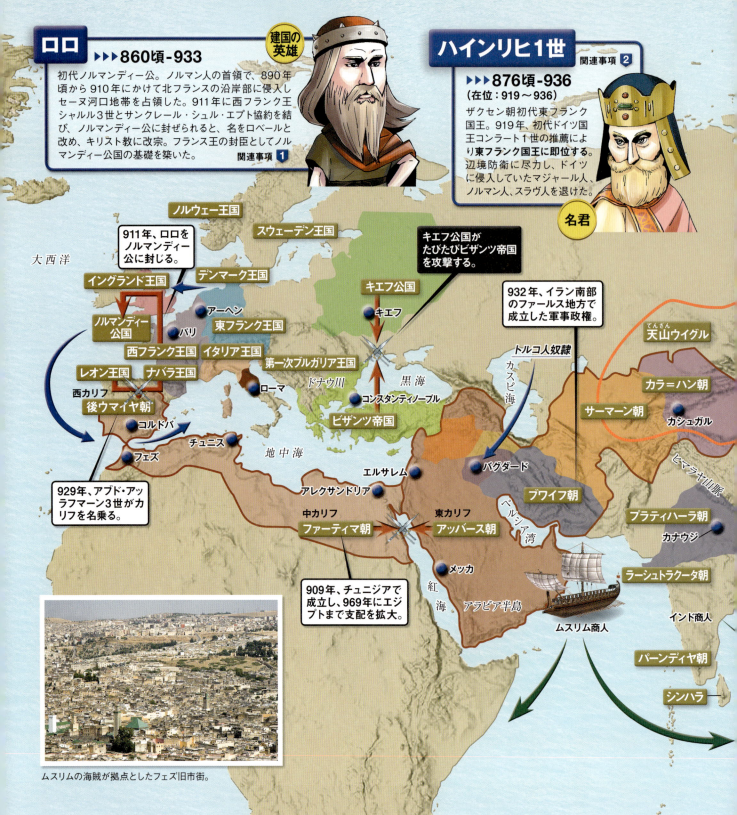

ロロ
▶▶▶ 860頃-933

建国の英雄

初代ノルマンディー公。ノルマン人の首領で、890年頃から910年にかけて北フランスの沿岸部に侵入しセーヌ河口地帯を占領した。911年に西フランク王シャルル3世とサンクレール・シュル・エプト協約を結び、ノルマンディー公に封ぜられると、名をロベールと改め、キリスト教に改宗。フランス王の封臣としてノルマンディー公国の基礎を築いた。

関連事項 ❶

ハインリヒ1世
▶▶▶ 876頃-936
（在位：919～936）

関連事項 ❷

ザクセン朝初代東フランク国王。919年、初代ドイツ国王コンラート1世の推薦により東フランク国王に即位する。辺境防衛に尽力し、ドイツに侵入していたマジャール人、ノルマン人、スラヴ人を退けた。

名君

ムスリムの海賊が拠点としたフェズ旧市街。

どんな時代？

　10世紀の日本は怨霊に怯える幕開けとなる。大宰府へと左遷された菅原道真の没後、貴族や皇族の死が相次いだ上、清涼殿に雷が落ちる事件が起こった。人々は怯え、道真を神として祀った。
　その頃中国では、唐朝廷内で実権を握った朱全忠（朱温）が哀帝に禅譲を迫り、後梁を建国。唐を滅ぼした。だがその政権も安定せず、以降中国は五代十国時代に突入する。また、イスラーム世界においても、チュニジアのファーティマ朝とイベリア半島の後ウマイヤ朝がカリフを名乗り、3人のカリフが分立する事態となった。

10世紀前期（901年〜935年）

紀貫之らが『古今和歌集』を編纂した頃、ヴァイキングの首長ロロがノルマンディー公に封ぜられた！

トルファンに残るシルクロードの拠点として栄えた高昌故城。

凡例：
- 五代十国の領域（10世紀）
- 天山ウイグル王国を中心とするウイグル人の居住圏
- ローマ教皇領
- イスラーム勢力圏

紀 貫之 ?-945（官僚・歌人）

平安時代の歌人であり、歌壇の第一人者。三十六歌仙の一人。醍醐天皇の命を受け、日本初の勅撰和歌集『古今和歌集』の撰者の一人となる。土佐守として赴任した土佐からの帰路を綴った『土佐日記』は日記文学、仮名文学に大きな影響を与えたが、出世には恵まれなかった。

関連事項 ❶❷

《この時代の主な出来事》

日本史

901年	菅原道真、藤原時平によって大宰府へ左遷される。
903年	菅原道真、大宰府にて没する。
905年	紀貫之・紀友則・壬生忠岑らが『古今和歌集』を撰進する。❶
923年	菅原道真を右大臣に復し、正二位を追贈する。
927年	藤原忠平ら、延喜式を撰進する。
930年	清涼殿に落雷。菅原道真の祟りと怖れられる。
931年	平将門、叔父国香と対立する。
935年	紀貫之、『土佐日記』を著わす。❷

世界史

907年	朱全忠が唐を滅ぼし後梁を建国。以降五代十国時代に突入する。
909年	チュニジアにシーア派のファーティマ朝が成立。翌年カリフを称する。
910年	クリュニー修道院が設立される。
911年	ノルマン人の首長ロロがノルマンディー公に封ぜられる。❶
	東フランクのカロリング朝が断絶し、フランケン公コンラート1世が東フランク王となる。
916年	契丹（遼）が建国される。
918年	朝鮮半島で王建が高麗を建国する。
919年	ハインリヒ1世が東フランク王となる。❷
920年	契丹文字が作成される。
926年	契丹（遼）が渤海を滅ぼす。
929年	後ウマイヤ朝のアブド・アッラフマーン3世がカリフを称し、イスラム帝国が3国に分裂する。
932年	イラン系シーア派のブワイフ朝が興る。

第1章 古代——日本のあけぼのを担った人々と、世界の国家の礎を築いた人々

オットー1世

▶▶▶ 912-973（在位（帝位）：962～973）

神聖ローマ皇帝

ザクセン朝第2代の東フランク王。神聖ローマ帝国初代皇帝。父、ハインリヒ1世の後を受けて東フランク王に即位。国家統一を図り、側近聖職者を司教や修道院長などの教会要職に任命し、教会、修道院領を支配下に置く帝国教会政策を進めた。951年にはイタリア遠征を行ない、イタリア王の未亡人と結婚、イタリア王を称する。**955年にレヒフェルトの戦いでマジャール人を破り、962年、教皇ヨハネス12世からローマ皇帝の帝冠を受け、神聖ローマ帝国の基礎を築いた。**

関連事項 **1 3**

オットー1世の棺が安置されるマクデブルクの聖マウリツ大聖堂。

どんな時代？

935年、下総にて平将門が朝廷に反旗を翻す一方、瀬戸内海では藤原純友を首領とする海賊団が京都に連夜放火するなど、社会不安を醸成しつつ、伊予・讃岐などの国府を襲撃した。乱は941年までに鎮圧されたが、武士の時代の到来を告げるものとなった。

五代十国の争乱が続いていた中国では、後周が第2代世宗のもとで禁軍を再編強化して統一事業を進め、世宗の没後、これを受け継いだ趙匡胤が宋を打ちたてた。

ヨーロッパでは東フランク王国にオットー1世が登場。955年にマジャール人を撃退してカトリック世界の守護者と認められると、962年にローマ皇帝の帝冠を与えられて神聖ローマ帝国の基礎を築いた。

10世紀中期（936年～970年）

平将門が朝廷に反旗を翻した頃、オットー1世によって神聖ローマ帝国が成立！

趙匡胤（宋太祖） 英雄・建国者

▶▶▶ 927-976 （在位：960〜996）

中国、北宋の初代皇帝。後周の世宗に仕えた武将だったが、960年、世宗没後に即位した恭帝の禅譲を受けて帝位につき、**宋王朝を樹立した**。呉越、北漢を除いた中国の統一を果たし、内政では文官優位の**文治主義を推進して君主独裁体制を確立する**。その死については弟・太宗による暗殺説がある。

関連事項 ❷

平将門 英雄・反逆者

▶▶▶ ?-940

平安時代の武将。桓武平氏、高望王の孫で鎮守府将軍平良将の子。下総北部を本拠とし、935年、叔父国香との争いの末、朝廷に反旗を翻した。939年、武蔵・常陸両国の紛争介入をきっかけに常陸・下野・上野に出兵して次々に国府を陥落させた。さらに「新皇」と称して関東の独立を図ったが、翌年、下総幸島にて藤原秀郷と平貞盛に討たれた。

関連事項 ❶❷

（地図上の注記）
- モンゴル
- 遼（キタイ）
- 世宗が禁軍を強化しつつ、統一事業を本格化させる。
- 北漢
- 東京開封府
- 高麗
- 後周
- 滅ぼす。
- 平安京
- 後蜀
- 荊南
- 呉越
- ラサ
- 楚
- 南唐
- 大理
- 南漢
- 日本
- 935・939年、承平・天慶の乱が勃発する。
- チャンパー
- アンコール朝
- 太平洋
- 三仏斉
- クディリ朝

凡例：
- 五代十国の領域
- イスラーム勢力圏

《この時代の主な出来事》

日本史

935年	平将門の乱が起こる。❶
938年	空也、都で念仏を説く。
939年	平将門、常陸、下野、上野の国府を襲い、新皇を称す。❷
940年	平将門、藤原秀郷らによって討たれる。
941年	藤原純友、小野好古らによって討たれる。
969年	源満仲の讒言により、左大臣源高明が左遷される。（安和の変）
	高麗の使節が対馬にやってくる。
	藤原実頼が摂政に就任する。
970年	藤原伊尹が摂政に就任する。

世界史

936年	高麗が新羅と後百済を滅ぼして朝鮮半島を統一する。
	遼、後晋から燕雲十六州を獲得する。
937年	雲南地方にてチベット系の大理王朝が自立する。
946年	ブワイフ朝がバグダードに入りアッバース朝カリフからアミール・アルウマラー（大アミール）の称号を得る。
955年	東フランク王オットー1世がレヒフェルトの戦いでマジャール人に勝利する。❶
960年	中国で趙匡胤が宋を建てる。❷
	デンマークのハーラル青歯王がカトリックに改宗する。
	ポーランドでピアスト朝が成立する。
962年	ドイツ王オットー1世、ローマ教皇ヨハネス12世より皇帝の冠を受け、神聖ローマ帝国が成立する。❸
	アフガニスタンでガズナ朝が建国される。
969年	ファーティマ朝がエジプトを征服し、カイロを造営する。

第1章 古代——日本のあけぼのを担った人々と、世界の国家の礎を築いた人々

《この時代の主な出来事》

日本史

972年	藤原伊尹の死を受け、権中納言**藤原兼通**が内大臣となる。 **藤原兼通**が、関白に就任する。
975年	この頃、**藤原道綱の母**の『蜻蛉日記』が成立する。
986年	**藤原兼家**の陰謀により、花山天皇が譲位し、出家する。
990年	1月、藤原道隆の娘・**定子**が入内する。 5月、**藤原兼家**が関白に就任し、その後、**藤原道隆**が摂政・関白に就任する。
993年	天台宗が山門派（延暦寺）と寺門派（園城寺）に分裂する。
995年	**藤原道兼**、関白に就任するが、就任後12日で死亡する。 **藤原道長**が内覧となり、事実上の摂政となる。❶
996年	藤原伊周と隆家、花山法皇襲撃により、左遷される。
996年頃	この頃、**清少納言**が『枕草子』を著わす。
999年	藤原道長の娘・**彰子**が入内する。

世界史

976年	ビザンツ帝国で**バシレイオス2世**が皇帝に即位する。
979年	宋が北漢を滅ぼして中国を統一する。❶
984年	遼が北宋に侵入する。
987年	西フランク王国でカロリング朝が断絶し、**ユーグ・カペー**がカペー朝を開く。❷
989年	キエフ公国の**ウラディミール1世**が東方正教会に改宗する。（ロシア正教会の成立）
991年	デーン人がウェッセクスを攻撃し、最初のデーン・ゲルトが払われる。
997年	**イシュトヴァーン1世**がハンガリー王国を興す。
	ロベール2世、ブルグント王女ベルトとの結婚問題から破門を宣告される。
999年	カラ＝ハン朝がサーマーン朝を滅ぼす。
1000年頃	アイスランド人の**リーフ・エリクソン**が西洋人としてはじめて北アメリカ大陸に到達する。

ユーグ・カペー

938頃-996（在位：987～996）
王朝創始者

カペー朝の始祖。フランス王。西フランク王ルイ5世の死によりカロリング朝が断絶すると、妻がカロリング家の出身であったことから聖俗諸侯に推挙され、対立候補であったロレーヌ公シャルルを破って、王位についた。息子のロベール2世を共同国王として戴冠式を挙行したことにより、**カペー家の世襲制度を確立**。彼の時代から西フランク王国はフランス王国と呼ばれるようになる。
関連事項 ❷

- 989年、キエフ公国がギリシア正教を受容する。
- デーン・ゲルトを支払う。
- 987年、ユーグ・カペーが国王となり、カロリング朝に代わりカペー朝が成立する。
- 976年、バシレイオス2世が即位し、ビザンツ帝国が最盛期を迎える。
- ファーティマ朝がエジプトに次ぎ、エルサレムなどを奪う。
- イタリア支配を狙う。

地名：ノルウェー王国、スウェーデン王国、デンマーク王国、イングランド王国、スコットランド王国、ロンドン、神聖ローマ帝国、パリ、フランス王国、ポーランド王国、キエフ公国、レオン王国、ナバラ王国、カスティリャ王国、ヴェネツィア、ローマ、第一次ブルガリア王国、ハムダーン朝、黒海、ローマ教皇領、コンスタンティノープル、ビザンツ帝国、バグダード、ダマスクス、エルサレム、カイロ、後ウマイヤ朝、レコンキスタ、チュニス、地中海、大西洋、ベルベル、サハラ砂漠、中カリフ、ファーティマ朝、東カリフ、アッバース朝、メッカ、アデン

サンティアゴ・デ・コンポステーラへの巡礼は、レコンキスタのなかで盛り上がりを見せ、12世紀に最盛期を迎える。

10世紀後期（971年～1000年）
藤原道長が我が世の春を謳歌していた頃、ユーグ・カペーがフランス王に選ばれた

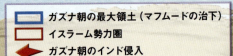

- ガズナ朝の最大領土（マフムードの治下）
- イスラーム勢力圏
- ガズナ朝のインド侵入

クヌート

征服王

▶▶▶ 995頃-1035（在位：1016～1035）

北海に海上帝国を作り上げたデーン人の王。父、スヴェン1世に従ってイングランド侵入を果たし、父の没後、アングロ＝サクソン族の封建家臣会議で推されて1016年、イングランド王となった。さらに兄の死でデンマーク王を兼ねると、その後ノルウェーの王も兼ね、スウェーデンの一部を征服して北海を中海とする海上大帝国を築き上げた。

関連事項 **1 2**

《この時代の主な出来事》

日本史

1001年	この頃、**紫式部**が『源氏物語』を執筆し始める。**1**
1007年	この頃、『和泉式部日記』が成立する。
1008年	『源氏物語』の一部が流出、1010年頃までに全体の9割以上が完成した。**2**
1018年	**藤原頼通**、摂政に就任し、**藤原道長**、太政大臣に就任する。
1019年	女真族の一部が北九州に襲来。**藤原隆家**により撃退される。（刀伊の入寇）
	藤原頼通、関白に就任する。この頃、強訴が盛んになる。
1028年	**平忠常の乱**が起こる。
1035年	園城寺の僧徒が延暦寺の坊舎を焼き討ちにする。

世界史

1001年	ガズナ朝の**マフムード**がインドに侵入する。
1004年	宋と遼に澶淵の盟が結ばれる。
1009年	ヴェトナムに李朝が興る。
1010年	詩人**フィルドゥシー**がイラン最大の民族叙事詩『シャー・ナーメ（王の書）』を完成させる。
1016年	デーン人の**クヌート**がイングランド王に推戴される。**1**
1028年	**クヌート**がノルウェーの王も兼ね、北海帝国を築き上げる。**2**
1031年	後ウマイヤ朝が滅亡する。
1032年	チベット系のタングート族の**李元昊**が西平王の位を継ぐ。（1038年に西夏を建国）**3**
1035年	スペインでカスティリャ王国、アラゴン王国が独立し、国土回復運動が盛んになる。
1038年	トルコ人**トゥグリル・ベク**がセルジューク朝を興す。**4**

北海帝国

キエフ公国

イングランド王国

キリスト教諸王国
レオン王国
カスティリャ王国
アラゴン王国
ポルトガル王国

神聖ローマ帝国

フランス王国

ヴェネツィア
フィレンツェ

ローマ教皇領
ローマ

第一次ブルガリア王国

カスピ海

黒海

コンスタンティノープル

ビザンツ帝国

1018年、ブルガリア王国を併呑する。

イスラーム系諸王国

グラナダ

1031年、内乱により後ウマイヤ朝が滅亡。レコンキスタが本格化する。

ジーリー朝

エルサレム

カイロ

バグダード

アッバース朝
ブワイフ朝

ファーティマ朝

紅海

サハラ砂漠

アラビア半島

トゥグリル・ベク

建国の英雄

▶▶▶ 995-1063

セルジューク朝の創始者。1038年と1040年にガズナ朝を破ってイランを手中に収めると、イラン系の軍事政権ブワイフ朝を打倒してスンナ派信仰を回復。カリフから「スルタン」の称号を得た。一族郎党の前で兄弟に矢を折らせ、2本、3本と増やしていき、ついに折れなくなるのを示したうえで一族の結束の大切さを説いたという逸話が伝わる。

関連事項 **4**

11世紀前期（1001年～1039年）

紫式部が『源氏物語』を執筆。その頃、**クヌート**が北海帝国を築いた

世界遺産誕生！
敦煌莫高窟
中国甘粛省敦煌市の県城の南東17kmにある仏教石窟。1900年、第17窟より4～5万点にのぼる古写本等の古文書や画巻が発見された。これらは敦煌文書と呼ばれ、井上靖の『敦煌』では、李元昊の敦煌攻めの際に隠されたという説が採られている。

李元昊 ▶▶▶ 1003-1048 (在位：1038～1048)
西夏の建国者。チベット系タングート族の出身で、武力をもって諸部族を統合し、1038年までにタングート族をまとめ上げて大夏皇帝として即位した。宋に倣った官制を作り上げるとともに宋に対して臣下の礼をとった。仏教に関して深い知識を持ち、西夏文字の制定にたずさわるなど、文化の向上にも貢献した。
関連事項 3
中央アジアの征服者

1019年 刀伊の入寇
女真族とみられる集団が北九州を襲撃。大宰権帥だった藤原隆家が在地の豪族を率いて撃退した。

紫式部 ▶▶▶ 970頃-1014頃
平安時代の物語作者、歌人。学者であり漢詩人であった父の影響から漢詩文の教養を身につけた才女であり、1010年頃に完成させた『源氏物語』が宮中で高く評価された。藤原道長の娘である彰子に出仕し、『紫式部日記』で宮仕えの苦労を書き記している。『枕草子』の作者であり、中宮定子に仕えていた清少納言とは不仲であったとされているが、直接的な面識はない。
関連事項 1 2
平安の女流作家

どんな時代？
　藤原摂関家が全盛期を迎えるなか、後宮では天皇の后の周囲に女房が集まり、サロンを形成するようになった。とくに藤原道長の兄・道隆は、聡明な定子に仕える女房として才媛を抜擢。道長もこれに倣ったため、『枕草子』(清少納言)や『源氏物語』(紫式部)に代表される宮廷文化が育まれた。
　一方、中央アジアでは1038年、李元昊が西夏を建国し、イランではトルコ系セルジューク族のトゥグリル・ベクが同じトルコ系のガズナ朝からイランを奪った。ヨーロッパではクヌートによる北海帝国が出現。中国では宋の支配が続いていたが、北方の遼が勢力を拡大して宋を圧迫。1004年には、宋から遼に対して年間銀10万両など多額の歳賜を送ることなどが決められた澶淵の盟が結ばれた。

第1章　古代──日本のあけぼのを担った人々と、世界の国家の礎を築いた人々　33

ウィリアム1世

征服王・王朝創始者

▶▶▶ 1027-1087（在位：1066～1087）

ノルマン朝初代イングランド王。征服王。元ノルマンディー公だったが、1066年にイングランドのエドワード懺悔王が没すると、王の遠縁であることを理由にイングランドへ侵入、エドワード懺悔王の義弟ハロルド2世をヘースティングスの戦いで破り、イングランド王となる。ソールズベリーの誓約や土地台帳の作成を行ない、王権を強化した。

関連事項 1

世界史を変えた戦い

1066年 ヘースティングスの戦い

写真は、バイユーのタペストリーに描かれた、ヘースティングスの戦いの場面。
1066年10月、イングランドに上陸したノルマンディー公ウィリアムは、ヘースティングスに近いバトルの丘で、イングランド王ハロルド2世と激突する。
前月にスタンフォード・ブリッジの戦いでノルウェーのハーラル3世を討ち取ったハロルド2世は、すぐさま軍を取って返してこれを迎え撃ち、ウィリアム方のノルマン騎兵の突撃を、密集陣形でたびたび跳ね返した。
戦いは膠着状態となったが、ハロルド2世が乱戦のなかで戦死して、ウィリアムが勝者となり、イングランドにノルマン朝を開いた。

1066年9月25日、スタムフォード・ブリッジの戦いでハロルド2世率いるイングランド軍がノルウェー軍を撃破。

1071年、マラーズギルトの戦いでセルジューク朝が勝利。小アジアを制圧する。

- ノルウェー王国
- イングランド王国
- 神聖ローマ帝国
- ノルマンディー公国
- フランス王国
- キリスト教諸王国
  - レオン王国
  - カスティリャ王国
  - アラゴン王国
  - ポルトガル王国
- レコンキスタ
- ヴェネツィア
- フィレンツェ
- ローマ
- ローマ教皇領
- コンスタンティノープル
- 黒海
- ビザンツ帝国
- アラル海
- カスピ海
- カラ＝ハン朝
- セルジューク朝
- ガズナ朝
- イベリア半島へ進出！
- ムラービト朝
- 地中海
- エルサレム
- カイロ
- バグダード
- アッバース朝（バグダード＝カリフ領）
- ファーティマ朝
- サハラ砂漠
- 紅海
- アラビア半島
- チョーラ朝
- シンハラ

どんな時代？

平安前期以降、棟梁を中核としてその一族「家子」、従者「郎党」から成る武士団が形成された。平忠常の乱を機に関東の武士団と武門の棟梁・清和源氏のつながりが顕著なものとなりつつあるなか、1051年、奥州にて前九年の役が勃発。源頼義・義家父子が活躍し、源氏の武名を高めた。

この頃のヨーロッパで起こった大事件がノルマンディー公ウィリアム（ギョーム）による1066年のイングランド征服である。イングランドへ渡ったウィリアムは、ヘースティングスの戦いでハロルド2世を破り、イングランドを征服。これによりイングランドにノルマン朝が成立した。

11世紀中期（1040年～1070年）

源義家が前九年の役で活躍した頃、ウィリアム1世がイングランドを征服！

王安石

名宰相

▶▶▶ 1021-1086

中国、北宋の政治家。文学者。神宗の政治顧問として抜擢された後に宰相となる。地方官出身であったために民衆の実情に詳しく「王安石の新法」と呼ばれる貧民救済を重視した政治改革を行なった。改革により経済は好転したが、特権層が組織した旧法党の反発に遭い、辞職。神宗の没後に新法は廃止された。**関連事項 2**

源 義家

源氏の棟梁・名将

▶▶▶ 1039-1106 **関連事項 1**

平安時代後期の武将で、河内源氏頼義の子。7歳の時に石清水八幡宮で元服したことから、「八幡太郎」と号した。父に従って前九年の役に参戦して活躍。のちに陸奥守在任時の1083年に勃発した後三年の役に介入して鎮定に貢献するも、私闘とみなされ陸奥守を解任される。しかし武勇の士としての名声は高まり、雁の列の乱れをみて伏兵を見破る伝説などが生まれた。

天山ウイグル王国

遼

西夏 — 歳賜を支払う。

宋 — 開封

高麗

大宰府 — 大宰府を介して細々と貿易が行なわれる。

日本

大理

パガン朝

李朝大越国

アンコール朝

チャンパー

三仏斉

太平洋

イラワジ川中流域の東岸の平野部一帯に建ち並ぶ、パガンの仏教遺跡群。仏教を受容したパガン朝では、11世紀から13世紀にかけて、仏塔や寺院が次々に建設された。

■ イスラーム勢力圏
■ 遼の最大版図

《この時代の主な出来事》

日本史

1040年	長久の荘園整理令が発布される。
1051年	前九年の役が起こる。**1**
1053年	平等院鳳凰堂が建立される。
1060年	**藤原教通**が左大臣に就任する。
1061年	**藤原頼通**が太政大臣に就任する。
1068年	藤原氏を外戚としない**後三条天皇**が即位する。
1072年	**後三条天皇**が譲位し、**白河天皇**が即位する。

世界史

1044年	宋と西夏が和約を結ぶ。
1054年	キリスト教会が、ローマ・カトリック教会とギリシア正教会とに分裂する。
1055年	セルジューク朝の**トゥグリル・ベク**、バグダードに入城する。
1056年	ムラービト朝が北アフリカに成立する。
1066年	ノルマンディー公**ウィリアム**（ギョーム2世）がヘースティングスの戦いに勝利し、イングランドにノルマン朝を開く。**1**
1067年	セルジューク朝の宰相**ニザーム・アルムルク**が、バグダードなどにニザーミーヤ学院を建設する。
1069年	宋で、**王安石**の改革が始まる。**2**
1071年	ビザンツ帝国が、セルジューク朝にマラーズギルトの戦いで敗れる。

第1章 古代 ── 日本のあけぼのを担った人々と、世界の国家の礎を築いた人々

第1章の和暦・西暦対照表

時代	和暦	西暦
飛鳥時代	大化	645〜650
	白雉	650〜654
	朱鳥	686
	大宝	701〜704
	慶雲	704〜708
奈良時代	和銅	708〜715
	霊亀	715〜717
	養老	717〜724
	神亀	724〜729
	天平	729〜749
	天平感宝	749
	天平勝宝	749〜757
	天平宝字	757〜765
	天平神護	765〜767
	神護景雲	767〜770
	宝亀	770〜781
	天応	781〜782
平安時代	延暦	782〜806
	大同	806〜810
	弘仁	810〜824
	天長	824〜834
	承和	834〜848
	嘉祥	848〜851
	仁寿	851〜854
	斉衡	854〜857
	天安	857〜859
	貞観	859〜877
	元慶	877〜885
	仁和	885〜889
	寛平	889〜898
	昌泰	898〜901
	延喜	901〜923
	延長	923〜931
	承平	931〜938
	天慶	938〜947
平安時代	天暦	947〜957
	天徳	957〜961
	応和	961〜964
	康保	964〜968
	安和	968〜970
	天禄	970〜973
	天延	973〜976
	貞元	976〜978
	天元	978〜983
	永観	983〜985
	寛和	985〜987
	永延	987〜989
	永祚	989〜990
	正暦	990〜995
	長徳	995〜999
平安時代	長保	999〜1004
	寛弘	1004〜1012
	長和	1012〜1017
	寛仁	1017〜1021
	治安	1021〜1024
	万寿	1024〜1028
	長元	1028〜1037
	長暦	1037〜1040
	長久	1040〜1044
	寛徳	1044〜1046
	永承	1046〜1053
	天喜	1053〜1058
	康平	1058〜1065
	治暦	1065〜1069
	延久	1069〜1074

第2章

中世

封建時代の混乱を戦い抜いた人々

藤原清衡 ▶▶▶ 1056-1128
建国の英雄

平安時代の武将。**奥州藤原氏の祖**。父、藤原経清が前九年の役で敗死し、母が清原氏に嫁いだため清原一族として育つ。後三年の役では異父兄・真衡、次いで異父弟の清原家衡と争い、源義家の支持を得て清原氏を滅ぼした。その後藤原姓に戻し、**平泉を拠点として**奥羽を支配。中尊寺金色堂などを建立した。

関連事項 ❶❷

《この時代の主な出来事》

日本史

1083年	後三年の役が勃発する。❶
1086年	**白河天皇**が譲位し**堀河天皇**が即位する。
	白河上皇の院政が始まる。
1087年	後三年の役が終わる。❷
1091年	**源義家**への荘園寄進が禁じられる。
1094年	**藤原伊房**ら、遼との私貿易で処罰される。
1095年	延暦寺僧徒、入京し強訴を行なう。
1096年	京都で田楽が流行する。
	白河上皇が出家し、法皇となる。
1098年	**源義家**、院への昇殿を許される。

世界史

1077年	ドイツの**ハインリヒ4世**、カノッサに赴き教皇グレゴリウス7世に許しを乞う。（カノッサの屈辱）❶
	西アジアからイランにかけて、ホラズム朝が成立する。
1080年	ハインリヒ4世、教皇の再破門宣告に対し、対立教皇**クレメンス3世**を擁立する。
1084年	グレゴリウス7世、ローマを追われ、翌年、サレルノで客死する。
	司馬光による歴史書『**資治通鑑**』全294巻が完成する。
1086年	宋で、**司馬光**が宰相となる。
1088年?	北イタリアに世界最古の大学、ボローニャ大学が創立される。
1093年	**ハインリヒ4世**の長子コンラート、トスカーナ女伯**マティルデ**に説得され、**ハインリヒ4世**から離反。教皇ウルバヌス2世につき、イタリア王位を与えられる。
1094年	**エル・シッド**、バレンシアを攻略する。❷
1095年	教皇ウルバヌス2世、クレルモンの公会議で聖地奪還を呼びかける。
1096年	第1回十字軍が出発する。
1099年	第1回十字軍がエルサレム王国を建国する。

五台山の大白塔。多くの寺が集まる同地では、宋の時代、多くの日本僧が学んだ。

どんな時代？

10世紀末から11世紀前期にかけて全盛を誇った藤原摂関家も、同家を外戚としない後三条天皇が即位すると、その権勢に陰りが見え始める。さらに1086年、白河上皇が院政を始めると実権は治天の君たる院へと移った。この頃、東北では後三年の役が勃発し、藤原清衡が奥州制覇を成し遂げている。

ヨーロッパではローマ教皇と神聖ローマ皇帝の間で聖職叙任権を巡る闘争が勃発。1077年、皇帝ハインリヒ4世が、教皇グレゴリウス7世から破門宣告を受け、カノッサ城を訪れて教皇に謝罪する「カノッサの屈辱」が起こった。強大な教皇権を背景に1095年には、教皇ウルバヌス2世がクレルモンの公会議で聖地奪還を呼びかけ、第1回十字軍が興されている。

ジェフリー ▶▶▶ 1100頃-1154頃 〔文学者〕

イングランドの年代記作者。ウェールズ人、もしくはブルターニュ人とされ、ベネディクト会修道士であったと伝わる。ラテン語散文による『ブリテン列王史』によってアーサー王伝説の骨組みを作り、騎士道の模範的人物像を生み出した。

1135年～1153年にかけて、マティルダとスティーブンによる王位継承争いで内戦状態となる。

内紛に介入し、スティーブンを支援する。

マティルダ ▶▶▶ 1102-1167 〔イングランド王族〕

イングランド王ヘンリー1世の娘。1114年、神聖ローマ皇帝ハインリヒ5世と結婚したが、夫の没後にアンジュー伯ジョフロアと再婚し、アンリ（のちのヘンリー2世）を産む。ヘンリー1世が没すると王位継承権を主張し、従兄であるブロワ伯の弟スティーブンと対立。18年間にわたる内乱の当事者となったが、1153年、スティーブン没後にアンリを王とすることで和解した。
関連事項 2

- キリスト教諸王国
- レオン王国
- カスティリャ王国
- アラゴン王国
- ポルトガル王国

レコンキスタ！

イングランド王国・パリ・神聖ローマ帝国・ウィーン・ポーランド王国・ハンガリー王国・キエフ公国

フランス王国・ローマ・教皇領・コンスタンティノープル・ビザンツ帝国・黒海・カスピ海・ルーム＝セルジューク朝・ホラズム＝シャー朝・カラ＝ハン朝・天山ウイグル王国・タミル盆地・ヒマラヤ山脈・ガズナ朝・インド諸王朝

ルイ7世がイル・ド・フランスの征服を進める。

支援

1127年よりザンギー朝がモスルに勃興。

1122年、ウォルムス協約が結ばれて叙任権闘争が終わる。

十字軍の諸侯が建てた国家が、パレスティナから小アジアにかけての沿岸部に並んだ。

ムラービト朝・ファーティマ朝・エルサレム・カイロ・モスル・バグダード・アッバース朝（バグダード＝カリフ領）・アラビア半島・ペルシャ湾・紅海・アラビア海・地中海・大西洋

ルイ7世（若王） ▶▶▶ 1120頃-1180（在位：1137～1180） 〔フランス王〕
関連事項 1

フランス、カペー朝第6代。イル・ド・フランスの聖俗諸侯を服属させて王権の強化を図るなか1137年、アリエノール・ダキテーヌと結婚。1147年には第2回十字軍にも参加した。ユリの花を王家の紋章に定めたのも彼である。だが1152年、十字軍従軍中に生じた不和から王妃アリエノールと離婚。以後、アリエノールの再婚相手となったヘンリー2世の力を殺ぐべく画策を続けた。

世界遺産誕生！ アンコール・ワット

アンコール朝のスールヤヴァルマン2世によって建てられたヒンドゥー教寺院。1431年頃にアンコールが放棄されると、遺跡の存在はそのまま忘れ去られてしまった。

シンハラ

12世紀前期（1101年～1135年）
白河法皇が院政を行なった頃、マティルダがイングランドの王位継承権を争った

白河法皇

▶▶▶ 1053-1129
（在位：1072～1086）

関連事項 ❶❷❸

治天の君

後三条天皇の子で平安時代後期の天皇。1072年に即位し、1086年、皇太子である異母弟の実仁親王が病没すると、実子・善仁親王（堀河天皇）に譲位して院政を開始した。さらに堀河天皇が没すると、孫の鳥羽天皇、曾孫の崇徳天皇を次々に即位させ、「治天の君」として実権を握り続けた。また、仏教を信仰し、法勝寺などを建立した。

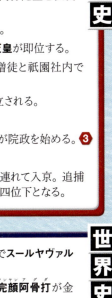

- 遼の王族耶律大石が西方へ逃れ、1132年、西遼を建国する。
- 1125年、宋・金連合軍が遼を滅ぼす。
- 上皇が譲位後も実権を握り続ける院政が現天皇との間に確執を生み、後の源平対立の原因となった。
- 1126年～1127年、宋と同盟して遼を滅ぼした金が、宋の違約を責めて首都開封を攻撃。欽宗や先帝・徽宗を捕らえて金へ連れ去った。
- 1127年、靖康の変を逃れた高宗により建国。

（地図中の地名）西夏／遼／金／高麗／日本／平泉／京／大宰府／開封／臨安／南宋／大理／パガン朝／李朝大越国／アンコール朝／チャンパー／三仏斉／太平洋／日宋貿易

《この時代の主な出来事》

日本史

1107年	堀河天皇が没し、鳥羽天皇が即位する。❶
1110年	平正盛、白河法皇のために阿弥陀堂を供養する。❷
1121年	藤原忠通が関白に就任する。
1123年	鳥羽天皇が譲位し、崇徳天皇が即位する。平忠盛、源為義、延暦寺僧徒と祇園社内で争う。
1124年	平泉中尊寺で金色堂が建立される。
1128年	奥州の藤原清衡が没す。
1129年	白河法皇が没し、鳥羽法皇が院政を始める。❸
1132年	平忠盛が昇殿を許される。
1135年	平忠盛、捕えた海賊を引き連れて入京。追捕の功により、子の清盛が従四位下となる。

世界史

1113年	カンボジアのアンコール朝でスールヤヴァルマン2世が即位する。
1115年	中国東北地方で女真族の完顔阿骨打が金を建国する。
1122年	この頃、イタリアでコムーネが誕生する。
1126年	ウォルムスの宗教和議で聖職叙任権問題が一時解決する。
1127年	金が宋の皇族らを北方へ連れ去る。（靖康の変）宋が金に滅ぼされる。高宗が南宋を建国する。シリアでザンギー朝が自立する。
1130年	ノルマン人のルッジェーロ2世が南イタリアおよびシチリア島に両シチリア王国を建国する。モロッコにムワッヒッド朝が成立する。
1131年	ルイ7世戴冠し、フランスの共同統治者となる。❶
1132年	中央アジアで耶律大石が西遼を建国する。
1135年	イングランドのヘンリー1世の死により、マティルダ（アンジュー伯妃マチルド）とスティーブン（ブーローニュ伯エティエンヌ・ドゥ・ブロワ）の間で王位継承争いが起こる。❷

どんな時代？

イングランドの修道士ジェフリーによりアーサー王伝説の基礎が築かれるなか、同国ではヘンリー1世の娘マティルダと、ブロワ伯の弟スティーブンの間で王位を巡る争いが始まり、フランスではルイ7世がアリエノール・ダキテーヌと結婚。フランス王家が広大なアキテーヌ公領を獲得した。

一方、日本では白河天皇が譲位後に院政を創始し、「治天の君」として君臨。しかし、天皇を次々に変えたことで、天皇と法皇との間に確執が生まれ、源平対立の発端が芽生えていた。

第2章　中世──封建時代の混乱を戦い抜いた人々

フリードリヒ1世（赤髭王）

イタリア政策の英雄

▶▶▶ 1123頃-1190
（在位〈帝位〉：1155～1190）

シュタウフェン朝のドイツ国王および1155年より神聖ローマ皇帝。赤髭王の通称が有名。ドイツ国内では諸侯との協調路線を取る一方、官僚制の整備、ローマ法の導入などを行なう。**イタリア支配に注力して5次にわたる遠征を行なったが、1176年、レニャーノの戦いでロンバルディア同盟に敗北し、野望はついえた。**1190年、第3回十字軍に参加し、陸路エルサレムへ向かう途中、アナトリアで不可解な溺死を遂げた。

関連事項 4 5

地図上の注釈

- **1154年、ヘンリー2世の即位によりプランタジネット朝が成立。アキテーヌ、ノルマンディー、ブルターニュ、イングランドを領土とするアンジュー帝国が出現する。**
- アンジュー帝国の解体を企図して、ヘンリー2世の子供の取り込みを図る。
- エルベ川以東への東方植民を進める。
- 1148年頃、ゴールにてガズナ朝より独立する。
- 1174年、併合。
- 1169年、サラディンがスルタンを称してファーティマ朝を乗っ取る。
- 唯一のカリフと尊重する。
- 1145年、ムワッヒド朝がイベリア半島へ進出。
- ベルベルの王朝。1147年、ムラービト朝を滅ぼした。
- イタリア政策に注力。1176年、ロンバルディア同盟にレニャーノの戦いで敗れる。
- ゴール朝はたびたびインドへ侵入した。
- レコンキスタ！

地域名

スコットランド王国／イングランド王国／キリスト教諸王国（レオン王国、カスティリャ王国、アラゴン王国、ポルトガル王国）／フランス王国／神聖ローマ帝国／ポーランド王国／キエフ公国／ハンガリー王国／ビザンツ帝国／両シチリア王国／ムワッヒド朝／アイユーブ朝／アッバース朝（バグダード＝カリフ領）／ザンギー朝／ルーム＝セルジューク朝／ホラズム＝シャー朝／西遼／ゴール朝／ヒンドゥー諸王朝／シンハラ

パリ／ヴェネツィア／ローマ／コンスタンティノープル／バグダード／カイロ／キエフ

北海／大西洋／地中海／アラビア半島／アラビア海／カスピ海／アラル海

ムスリム商人

抗争

□ ホラズム＝シャー朝の最大版図

アリエノール・ダキテーヌ

アキテーヌ公領の相続人

▶▶▶ 1122?-1204

関連事項 2 3

アキテーヌ公領の女相続人。1137年にフランス国王ルイ7世と結婚するが、1154年に離婚。まもなく**アンジュー伯アンリ（アンリ・ドゥ・プランタジュネ）と再婚し、アンリが1154年にイングランド王となったため、アキテーヌの領土がフランス領からイングランド領へ移り、アンジュー帝国と呼ばれる強国が出現した。**アンリとの間にはのちに国王となるリチャード1世とジョン（欠地王）が生まれている。南仏の文学や洗練された宮廷文化をイングランドの宮廷に導入した。

12世紀中期（1136年～1170年）

平治の乱に勝利した平清盛が台頭。その頃、アリエノール・ダキテーヌの再婚がヨーロッパを揺るがした

岳飛(がくひ) ▶▶▶ 1103-1141 〔悲劇の英雄〕

中国、南宋初期の武将。南下する金に対抗する義勇軍への参加から身を起こし、1137年に宣撫使に任じられた。最高軍事指導者の一人として金との戦いを進めるが、金との講和条約を進める宰相、**秦檜と対立**し、戦争継続を主張したために謀反の嫌疑で逮捕、毒殺された。　関連事項 ❶

平清盛(たいらのきよもり) ▶▶▶ 1118-1181(閏) 〔平家の棟梁・権力者〕

平安時代の武将。平忠盛の子。白河院の落胤とも言われる。父・忠盛に従って海賊討伐で功をなし、保元の乱(1156年)、平治の乱(1159年)を経て**武士として初めて太政大臣に任命されて朝廷の実権を握る**。娘の徳子を入内させて地歩を固める傍ら、**日宋貿易に着手して富を築いた**。しかし、鹿ケ谷事件で後白河法皇と対立すると、福原遷都の強行、南都焼き討ちなどで孤立・独裁化を進め、源氏決起に対する憂慮のなかで1181年に没した。　関連事項 ❶❷❸❹

靖康の変ののち、岳飛らの抵抗が続いたが、1141年、南宋で和平派の秦檜が実権を握り、多額の歳貢を贈る屈辱的和平を結ぶ(紹興の和議)。

金／西夏／開封／南宋／大理／パガン朝／李朝大越国／アンコール朝／チャンパー／中国商人／平泉／京／大宰府／日本／太平洋

平清盛による日宋貿易が本格化。中国商人は、東北の十三湊まで至ったという。

1167年、平氏政権が成立。

≪この時代の主な出来事≫

日本史

1137年	興福寺僧徒が入京し強訴する。
1140年	覚鑁(かくばん)、高野山を追放され根来寺へ移る。
1141年	崇徳天皇が譲位し、近衛天皇が即位する。
1146年	平清盛、安芸守となる。
1155年	近衛天皇が没し、後白河天皇が即位する。
1156年	保元の乱が勃発。敗れた崇徳上皇は讃岐へ配流、源為義・平忠正らは斬首となる。❶
1158年	後白河天皇が譲位し、二条天皇が即位。後白河上皇の院政が始まる。
1159年	平治の乱が起こる。❷
1160年	源義朝が尾張で謀殺され、源頼朝が伊豆に配流される。
1164年	平清盛、『平家納経』を厳島神社へ奉納する。❸
1167年	平清盛が太政大臣に就任する。❹

日宋貿易の隆盛と平家一門の安寧を願い、平清盛が篤く保護した厳島神社。

世界史

1141年	岳飛が処刑され、紹興の和議が結ばれる。❶
1143年	ポルトガル王国がカスティリャ王国から独立する。
	ハンザ都市リューベックが建設される。
1147年	ルイ7世らが率いる第2回十字軍が出発する。
1148年	アフガニスタンでゴール朝が独立する。
1154年	ルイ7世と離婚したアリエノール・ダキテーヌが、アンジュー伯アンリ・ドゥ・プランタジュネと結婚する。❷
	フランスのアンジュー伯アンリがイングランドでヘンリー2世としてプランタジネット朝を開く。❸
1155年	フリードリヒ1世(赤髭王)、神聖ローマ皇帝となる。❹
1162年	フリードリヒ1世、ミラノを破壊する。❺
1167年	ロンバルディア同盟が成立する。
	南仏にカタリ派が広まる。
1169年	サラディンがファーティマ朝の宰相となる。
1170年	カンタベリ大司教トマス・ベケットがヘンリー2世により暗殺される。

どんな時代?

平安時代末期の12世紀中頃、保元・平治ふたつの兵乱の勝者となった平清盛が、後白河法皇のもとで政治の実権を握り、1167年、太政大臣を拝命する。清盛は日宋交易に力を入れ、富を蓄えていった。

その頃ヨーロッパでは、1154年、ルイ7世とアリエノール・ダキテーヌが離婚してアンジュー伯領がフランス王家から離れると、さらにアリエノールはアンジュー伯アンリと再婚。アンリがイングランド王となったため、フランス王家を凌駕する強大なアンジュー帝国が出現する。

第2章　中世――封建時代の混乱を戦い抜いた人々　43

リチャード1世（獅子心王） 名将・名君
関連事項 ③ ④ ⑤

▶▶▶ 1157-1199（在位：1189～1199）

イングランド王国プランタジネット朝の王。勇猛な性格から「獅子心王」の異名を取り、ヘンリー2世から王位を奪ったのちは、**第3回十字軍に参加してアイユーブ朝のサラディンと熾烈な争いを繰り広げた**。とはいえ、戦闘に明け暮れ国内を不在にすることが治世の大部分を占めたため、フランスのフィリップ2世の陰謀や、実弟ジョンの王位簒奪に悩まされ続けた。

フィリップ2世（尊厳王） 政略家・名君

▶▶▶ 1165-1223（在位：1180～1223）

フランス王国カペー朝の王。1180年の王位継承後、イングランド（プランタジネット朝）の内訌を利用してヘンリー2世の失脚を画策し、次代のリチャード1世とともに第3回十字軍に参加した。リチャード1世に先んじての帰国後、リチャードの弟ジョンと結託してリチャードの失脚を狙い、さらにジョンの即位後も大陸に残るイングランド領の回収に努めた。また、国内においては**南仏へ王権を浸透させる**一方、パリ大学を設立するなど、文化の発展に貢献した。関連事項 ① ④

十字軍遠征などで手を結びつつも、フィリップ2世はリチャード1世の追い落としを画策する。

地図注記

- スコットランド王国
- イングランド王国
- 第3回十字軍
- キリスト教諸王国〔レオン王国／カスティリャ王国／アラゴン王国／ポルトガル王国〕
- レコンキスタ！
- 神聖ローマ帝国
- パリ／フランス王国
- ポーランド王国
- ヴェネツィア
- ハンガリー王国
- キエフ公国／キエフ
- フリードリヒ1世が謎の溺死を遂げる。
- 1192年、休戦協定により、キリスト教徒の巡礼が認められる。
- ローマ／両シチリア王国
- コンスタンティノープル／ビザンツ帝国
- ルーム＝セルジューク朝
- アラル海
- カスピ海
- ホラズム＝シャー朝
- 西遼
- 1143年に耶律大石が没すると、分裂し弱体化。
- 1186年、ガズナ朝を滅ぼし、インド北部を征服する。
- 1198年、インノケンティウス3世が教皇に即位。教皇権が絶頂期を迎える。
- ムワッヒド朝
- 地中海
- エルサレム
- アイユーブ朝／カイロ
- ザンギー朝
- バグダード
- アッバース朝（バグダード＝カリフ領）
- ゴール朝
- 抗争
- アラビア半島
- アラビア海
- ヒンドゥー諸王朝
- シンハラ
- 大西洋
- 北海

サラディン（サラーフ=アッディーン） 英雄
関連事項 ② ④ ⑤

▶▶▶ 1138-1193

アイユーブ朝の創始者でクルド人。ザンギー朝に仕えたのち、エジプトのファーティマ朝の宰相となり、これに代わってスンニ派の新王朝**アイユーブ朝を打ち立てた**。アッバース朝のカリフからスルタンの称号を得ると、ヒッティーンの戦いでエルサレム王国を破ってエルサレムを回復した。その後、第3回十字軍のリチャード1世との戦いに巻き込まれたものの、エルサレムの確保は譲らなかった。また、キリスト教徒との交渉のなかで示した寛容と節度の精神はヨーロッパで高く評価さた。

世界史を変えた戦い
1187年 ヒッティーンの戦い

1187年7月、ティベリアス湖西方のヒッティーンで行なわれた十字軍国家エルサレム王国とアイユーブ朝のサラディンの戦い。アイユーブ朝の圧勝に終わり、国王ギイを捕虜としたサラディンは10月、エルサレムを奪回した。
サラディンは十字軍やキリスト教徒に対する報復は行なわず、ギイは命を助けられ、身代金の支払いを条件にエルサレムのキリスト教徒も解放された。

12世紀後期（1171年～1200年）

源義経が非業の最期を遂げた頃、サラディンが第3回十字軍からエルサレムを死守！

源 義経 (みなもとの よしつね)
▶▶▶ 1159-1189　名将

平安末・鎌倉初期の武将。鎌倉幕府を開く源頼朝の末弟に当たる。平治の乱で父・義朝が戦死したのち、鞍馬寺に預けられたが、奥州平泉の藤原秀衡を頼った。治承4年（1180）の頼朝の挙兵に応じて参陣し、木曾義仲を追討して入京。その後、一ノ谷、屋島、壇ノ浦で平家を破り滅亡へと追い込んだ。しかし頼朝の許可なく官職を得たことで不興を買い、再び奥州を頼るも、藤原泰衡の襲撃を受けて自害した。

関連事項 ❶❷❸❹❺

← 第3回十字軍の経路　□ ゴール朝の最大版図

《この時代の主な出来事》

日本史

1177年	鹿ケ谷の陰謀が発覚する。
1180年	以仁王が令旨を下し挙兵する。
	源頼朝と平氏方による石橋山の戦いが起こる。
	木曾義仲が挙兵する。
	富士川の戦いで平家が敗走する。
1183年	源頼朝が東国の支配権を獲得する。
1184年	宇治川の戦いで源義経が木曾義仲を破る。❶
	源義経が一ノ谷の戦いで平家を破る。❷
	源頼朝が関東知行国、三か国を獲得する。
1185年	壇ノ浦の戦いで、平家が滅亡する。❸
	源義経が頼朝追討の宣旨を得る。❹
	源頼朝が義経追討の院宣を得る。諸国に守護・地頭を設置する。
1189年	藤原泰衡が源義経を自害へ追い込む。❺
	源頼朝が奥州を平定。奥州藤原氏が滅亡する。
1191年	日本における臨済宗の開祖・栄西が南宋から帰国。
1192年	源頼朝が征夷大将軍に就任する。
1199年	源頼朝が没し、子の頼家が家督を継承する。

1185年、源義経らによって平家が滅亡。1192年には源頼朝が鎌倉幕府を開く。

北宋時代の都開封の賑わいを描いた『清明河上図』（部分）

世界史

1176年	レニャーノの戦いで、ロンバルディア同盟がフリードリヒ1世を破る。
1180年	フランスでフィリップ2世（尊厳王）が即位する。❶
1181年	ジャヤヴァルマン7世がアンコール・トムを建設する。
1182年	パリにノートルダム大聖堂ができる。
1186年	ヘンリー2世の子ブルターニュ公ジョフロワ2世（ジェフリー）が馬上槍試合で死亡する。
1187年	サラディンがエルサレムを奪還する。❷
1189年	イングランドでリチャード1世（獅子心王）が即位する。❸
	第3回十字軍遠征が始まる。（〜1192年）❹
1190年	ドイツ騎士団が成立する。
1192年	サラディンがイングランド王リチャード1世と和約を結ぶ。❺
1194年	セルジューク朝が滅亡する。
1198年	教皇インノケンティウス3世が就位する。

どんな時代？

1185年、平治の乱以来わが世の春を謳歌した平家一門が源義経らによって滅亡へと追い込まれた。しかしその義経も兄頼朝との確執から1189年、奥州平泉にて非業の死を遂げる。

源平争乱の時代を代表する名将が倒れた頃、遥か西方ではリチャード1世、フィリップ2世に率いられた第3回十字軍が、イスラム世界の英雄、アイユーブ朝の創始者サラディンと激突していた……。

第2章　中世──封建時代の混乱を戦い抜いた人々

ジョン（欠地王） 関連事項 3 　暗君

▶▶▶ 1167-1216（在位：1199～1216）

イングランド王国プランタジネット朝の国王。ヘンリー2世の末子で、領土を与えられなかったために「欠地王」の名で呼ばれる。暗愚な王で、フランスのフィリップ2世に翻弄されて、大陸領土の多くを失うなど失政を繰り返した結果、戦費の負担に苦しむ貴族と聖職者から「マグナ＝カルタ（大憲章）」を承認させられた。

1215年、ジョン、「マグナ＝カルタ」を承認させられ、権力に制限を加えられる。

1214年、フィリップ2世がブーヴィーヌの戦いで、イングランド、神聖ローマ帝国などの連合軍に勝利する。

北海
イングランド王国
神聖ローマ帝国
フランス王国
ヴェネツィア
ローマ

キリスト教諸王国
レオン王国、カスティリャ王国
アラゴン王国、ポルトガル王国

レコンキスタ！

グラナダ
チュニス
地中海
ビザンツ帝国
ムワッヒド朝
アイユーブ朝

1229年、第5回十字軍において、フリードリヒ2世がアイユーブ朝のアル・カーミルと交渉。エルサレムを奪回する。

1229年にチュニスにハフス朝、1232年にグラナダにナスル朝が成立するなど解体が進む。

世界遺産誕生！ チチェン・イツァ

13世紀、中南米においては、マヤ文明が後古典期を迎えていた。マヤ文明の都市遺跡チチェン・イツァは、1000年頃に勢力を拡大し、1250年頃に滅亡したマヤ文明の都市国家で、マヤの最高神ククルカンを祀るピラミッド「エル・カスティーヨ」や、天文台、球戯場などが建ち並んでいた。

大西洋

どんな時代？

13世紀前期、成立間もない鎌倉幕府では源氏の将軍が断絶。これを好機と捉えた後鳥羽上皇によって1221年に承久の乱が起こされる。だが、すでに磐石の態勢を整えていた幕府軍は朝廷軍をものともせず、圧勝し、朝廷と幕府による支配の二分状況を収束させた。

この頃大陸ではチンギス・ハンがモンゴル高原を統一して、中央アジアおよび金への遠征を開始。ヨーロッパではインノケンティウス3世のもとで教皇権が絶頂に達するなか、フランスとの戦いや国内の課税問題などで失政を続けたジョンが「マグナ・カルタ」を突きつけられていた。

十字軍によって修築されたクラック・デ・シュヴァリエ。聖ヨハネ騎士団の拠点としても使用された。

////// チンギス・ハンの征服地

13世紀前期（1201年～1235年）

北条政子が鎌倉幕府を守りぬいた頃、インノケンティウス3世のもとで教皇の権威が絶頂期に達した

インノケンティウス3世 （教皇）

▶▶▶ 1160頃-1216
（在位：1198～1216）

13世紀初頭、教皇権絶頂期の教皇。38歳で教皇に選出されると、ドイツ諸侯の神聖ローマ帝位争いに参入してオットー4世、ついでフリードリヒ2世を擁立する一方、フランスのフィリップ2世やイギリスのジョンを破門するなど、権威を示した。教皇権の優位性を謳った「**教皇は太陽、皇帝は月**」の演説は有名である。

関連事項 **1 4**

チンギス・ハン （英雄）

▶▶▶ 1155頃-1227

モンゴル帝国の創始者で、元の太祖。本名はテムジン。モンゴル民族モンゴル部の有力者の家に生まれ、父の仇であるメルキト部やオン・ハンのケレイト族などを破り、**モンゴル高原を統一**。1206年、オノン河畔で開かれたクリルタイにてモンゴル帝国のハン位についた。その後は自ら金、ホラズム＝シャー朝、西夏などに遠征を行なう一方、各地に遠征軍を派遣して**ユーラシア大陸に空前の大勢力を築き**上げた。

関連事項 **2 5**

- ジェベ、スブタイ軍が1223年、クリミアへ到達。
- 1212年、ナイマンにより滅亡し、1218年にモンゴルによりナイマンが征服される！
- 1206年、チンギス・ハン、モンゴル帝国の大ハンとなる。
- 1227年までに征服！
- 1234年、征服！
- 1221年、承久の乱が起こる。
- 1231年、チンギス・ハンにより滅亡！

地名：コンスタンティノープル／アラル海／カスピ海／モンゴル帝国／西遼／金／日本／京／鎌倉／バグダード／カイロ／ホラズム＝シャー朝／アッバース朝（バグダード＝カリフ領）／ゴール朝／西夏／開封／南宋／大理／アラビア半島／アラビア海／ヒンドゥー諸王朝／太平洋

北条政子 （尼将軍）

▶▶▶ 1157-1225

鎌倉時代の政治家。北条時政の娘で、1177年頃、源頼朝と駆け落ち同然の結婚をした。1219年に子の実朝が暗殺されると、京都から幼い藤原頼経を将軍として迎え、その後見人として弟の泰時とともに鎌倉幕府の実権を握った。承久の乱では御家人たちに頼朝の恩を説き、**幕府方勝利の立役者**となった。

関連事項 **1**

《この時代の主な出来事》

日本史

1203年	**源 実朝**が将軍に就任する。
	北条時政が執権に就任する。
1204年	**源頼家**が伊豆の修禅寺で殺される。
1205年	時政が平賀朝雅の将軍擁立に失敗し出家する（牧氏の変）。
	北条義時が執権に就任する。
1219年	**源実朝**が鶴岡八幡宮で頼家の子**公暁**に暗殺される。
1221年	**承久の乱**が起こる。**1**
	京都に**六波羅探題**が設置される。
	後鳥羽上皇が隠岐に配流される。
1224年	**親鸞**が浄土真宗を開く。
	北条泰時が執権に就任する。
1232年	**御成敗式目（貞永式目）**が制定される。

世界史

1202年	**インノケンティウス3世**が第4回十字軍を提唱する。**1**
1204年	第4回十字軍がコンスタンティノープルを占領する。
	ラテン帝国が成立する。
1206年	**チンギス・ハン**がモンゴルを統一する。**2**
	インドで奴隷王朝が成立する。
1212年	少年十字軍が出発する。
1215年	イギリスで「マグナ＝カルタ（大憲章）」が承認される。**3**
	ラテラノ公会議で**インノケンティウス3世**が「教皇は太陽、皇帝は月」と演説する。**4**
1227年	モンゴルが西夏を滅ぼす。**5**
	マーカームシ国が成立する。
1229年	**チンギス・ハン**の三子**オゴタイ**がハンに即位する。
1234年	モンゴルが金を滅ぼす。
1235年	モンゴルが首都カラコルムを建設する。

第2章　中世──封建時代の混乱を戦い抜いた人々

ルイ9世（聖王）

関連事項 1 2　聖王・聖人

▶▶▶ 1214-1270（在位：1226〜1270）

カペー朝第9代のフランス国王。ローマ教会によって列聖され聖王と呼ばれる。敬虔なカトリック信者であり、正義と平和の理念に基づいて安定した政治を行ない、ヨーロッパ諸国の国内紛争の調停を依頼された。その一方で、異教徒との戦いには積極的に参加し、2度の十字軍を主導した。

オゴタイ・ハンによってモンゴル帝国の首都として建設されたカラコルム。現在はエルデニゾー寺院などの跡が残る。

大西洋

1241年、リーグニッツの戦いでドイツ騎士団、ポーランド連合軍がモンゴル軍に敗れる。

ドイツ騎士団領

イングランド王国

神聖ローマ帝国

ポーランド王国

パリ

1243年、バトゥらジョチ一門、南ルーシからキプチャク平原にとどまり、ウルスを形成。

キプチャク＝ハン国（ジョチ・ウルス）

バトゥの西征（1236〜1243）

1240年、バトゥ、キエフを攻略する。

サライ

オゴタイ＝ハン国

キリスト教諸王国
レオン王国
カスティリャ王国
アラゴン王国
ポルトガル王国

フランス王国

ハンガリー王国

第2次ブルガリア王国

黒海

コンスタンティノープル

1258年、フラグがバグダードを攻略し、カリフを処刑。アッバース朝を滅ぼす。

フラグの西征（1253〜1261）

レコンキスタ！

グラナダ

ナポリ王国

ビザンツ帝国

カスピ海

ナスル朝

ハフス朝

シチリア王国

地中海

イル＝ハン国（フラグ・ウルス）

マリーン朝

1248年、ルイ9世が第7回十字軍を起こし、エジプトへ侵攻する。

エルサレム

バグダード

1258年、タブリーズを都として成立する。

マムルーク朝

カイロ

1260年、アイン・ジャールートの戦いで、マムルーク朝がモンゴル軍に勝利する。

デリー

デリー＝スルタン朝（奴隷王朝）

1250年、ルイ9世を破ったマムルークにより成立。

アラビア半島

ヒンドゥー諸王朝

どんな時代？

執権・北条時頼が1247年の宝治合戦で三浦氏を討ち、得宗家の権威を固めた頃、中国ではモンゴル帝国において、時頼の子時宗と対決することとなるフビライ・ハンが大理・南宋の攻略に活躍。のちに即位して国号を元と改める。

一方ヨーロッパではルイ9世が2度にわたって十字軍遠征を敢行。エジプトに上陸し、アイユーブ朝を攻撃した。この脅威に晒されるイスラーム勢力側では、史上唯一の女性スルタンを創始者とするマムルーク朝がアイユーブ朝に取って代わり、十字軍を撃退した。

シャジャル・アッドゥッル　女帝

▶▶▶ ?-1257

イスラーム史上唯一の女性スルタン。幼少の頃に両親を失い、アイユーブ朝の皇子サーリフの後宮へ入って寵愛を受けた。1249年、ルイ9世の十字軍の侵攻を受け、交戦中に病死した夫に代わってマムルークを率いてエジプトを守った。しかし、次期スルタンはシャジャルとマムルークを忌避したため、マムルークに推戴されて**マムルーク朝**を開いた。

13世紀中期（1236年〜1270年）

北条時頼が得宗家の権威を固めた頃、元でフビライ・ハンが即位！

フビライ・ハン（元世祖）▶▶▶ 1215-1294 名君

モンゴル帝国第5代皇帝。中国、元朝初代皇帝。兄モンケが即位すると中国の大総督に任じられ、チベットを征服した。南宋討伐時にモンケが没すると、開平で即位。1271年に大都に遷都して、翌年に国号を大元と改め、元朝を創始する。**1279年には南宋を滅ぼし、中国統一を果たした**。また、日本へ元寇と呼ばれる2度の征討を行なうが、失敗に終わる。

関連事項 ❸

北条時頼 ▶▶▶ 1227-1263 名君

鎌倉幕府第5代執権。1246年、執権職につくと名越光時、前将軍藤原頼経を追放し、1247年には宝治合戦で有力御家人の三浦氏を滅ぼした。**寄合や引付衆の設置などを行ない北条得宗家の権力を確立した**。禅に深く帰依し、建長寺を建てたほか、諸国を回って弱者を救済したという伝説を持つ。

関連事項 ❶❷

地図注記:

- 1266年、ハイドゥの乱が起こる。
- モンゴル帝国
- カラコルム
- フビライの南征
- チャガタイ=ハン国
- 上都
- 1256年、モンゴル帝国に降伏。
- 1254年、フビライが大理を滅ぼす。
- チベット
- 高麗
- 日本／鎌倉／京都／大宰府
- 鎌倉幕府では北条氏が実権を握り、対立する御家人を討って権力を固めていく。
- パガン朝／バガン
- 陳朝大越国
- スコータイ朝
- アンコール朝
- チャンパー
- 太平洋
- ■ モンゴル帝国の最大版図

《この時代の主な出来事》

日本史

1246年	北条時頼が執権に就任する。❶
1247年	三浦泰村が挙兵したが、北条時頼に滅ぼされる。（宝治合戦）❷
1252年	宗尊親王を将軍とする。
1253年	日蓮が法華宗を開く。
1260年	日蓮が『立正安国論』を著わす。
1268年	北条時宗が執権に就任する。
	フビライ・ハンの国書を持つ高麗使が大宰府に到着する。
1269年	蒙古使黒的が返牒を要求する。

世界史

1240年	カルカソンヌとベジエの副伯**レイモン・トランカヴェル**が決起する。
	バトゥの西征軍がキエフを攻略する。
1241年	ワールシュタットの戦い。
	ハンザ同盟が成立する。
1243年	**バトゥがジョチ・ウルスを形成**。キプチャク=ハン国が建国される。
1244年	**ルイ9世**、カタリ派の拠点モンセギュール城を攻略する。❶
	エルサレムがイスラーム教徒により陥落する。
1248年	**ルイ9世**、第7回十字軍を起こすも、エジプトで捕虜になる。❷
1250年	エジプト・シリアにマムルーク朝が建国される。
1253年	フランチェスコ会修道士、**ルブルック**がカラコルムへ至る。
1258年	**フラグの西征軍がバグダードを攻略**。アッバース朝を滅ぼす。
	フラグ・ウルス（イル=ハン国）が建国される。
1260年	モンケ・ハンの死を受けて**フビライが即位する**。❸
	アイン・ジャールートの戦いで、マムルーク朝がモンゴル軍を破る。
1266年	ハイドゥの乱が起こる。

第2章 中世——封建時代の混乱を戦い抜いた人々　49

《この時代の主な出来事》

日本史

1271年	勅使が異国降伏を伊勢神宮に祈願する。
1274年	元軍が博多に上陸する。（文永の役）
	一遍が時宗を開く。
	日蓮、身延山へ入る。❶
1275年	異国警固番役の制が定められる。
	元使の杜世忠が竜の口で斬殺される。
1279年	元使が来日するも、博多で斬られる。
1281年	元軍、2度目の来寇。（弘安の役）
1284年	北条貞時が執権に就任する。
1285年	霜月騒動で安達泰盛一族が滅亡する。
1293年	幕府が京に鎮西探題を設置する。
1297年	永仁の徳政令が発布される。

世界史

1271年	モンゴルが国号を元とする。
1273年	ルドルフ・フォン・ハプスブルク（ルドルフ1世）がドイツ王に選出され、大空位時代が終わる。❶
1274年	元のフビライ・ハンにマルコ・ポーロが面会する。
	元が日本遠征に失敗する。（文永の役）
1278年	ルドルフ1世、マルヒフェルトの戦いでボヘミア王オタカル2世を敗死させる。❷
1279年	元が南宋を滅ぼす。❸
1281年	元が日本遠征に失敗する。（弘安の役）
1283年	エドワード1世が皇太子エドワードをウェールズ大公とする。❹
1287年	元がパガン朝を滅ぼす。
1292年	元がジャワ遠征に失敗する。
1293年	ジャワでマジャパヒト王国が成立する。
1295年	イギリスでエドワード1世が議会を召集する。（模範議会）❺
1296年	フィリップ4世、王国内の聖職者から課税の許可を得るも、教皇ボニファティウス8世の抗議を受ける。
	イングランド・スコットランド戦争が勃発。「スクーンの石」がイングランドへ持ち去られる。❻
1299年	オスマン帝国が興る。

エドワード1世 〔英雄〕

関連事項 ❹❺❻

▶▶▶ 1239-1307（在位：1272～1307）

プランタジネット朝イギリス国王。行政司法の改革を行ない、「立法者」の異名を持つ。1295年に高位聖職者、有力貴族、各州と諸都市の代表を召集し課税協賛を得た模範議会は、後世の議会政治の基礎となった。軍事面ではイギリス統一を目指して1283年にウェールズを制圧。1285年以降、王位継承問題に揺れるスコットランド征服を試みたが、志半ばで没した。

1285年以降、スコットランドへの影響力を強める。

1241年～ハンザ同盟

イングランド王国／ポーランド王国／神聖ローマ帝国／ドイツ騎士団領／パリ／フランス王国／ハンガリー王国／ワラキア／第2次ブルガリア王国／黒海／ビザンツ帝国

キリスト教諸国
レオン王国
カスティリャ王国
アラゴン王国
ポルトガル王国

レコンキスタ！／グラナダ／ナスル朝／ナポリ王国／シチリア王国／ハフス朝／地中海／エルサレム／カイロ／マムルーク朝／紅海／サハラ砂漠／マリーン朝

1282年、フランスがシチリアから追放される。

断続的にシリアへ侵攻する。

世界遺産誕生！ メスキータ

スペインのコルドバに残るメスキータは、もともとイスラーム教のモスクとして建設され、その名称も「大モスク」を意味する。後ウマイヤ朝の歴代カリフにより建設が続けられ、987年に完成。コルドバの主がキリスト教徒となったのちも偉大な建築として大切に保存された。その後、16世紀にモスクを保存しつつ、大聖堂が中心部に設けられ、現在の形となった。

13世紀後期（1271年～1300年）

日蓮が『法華経』への帰依を訴えた頃、ルドルフ1世によってハプスブルク家繁栄の第一歩が刻まれた

ルドルフ1世

ハプスブルク勃興の祖

関連事項 1 2

▶▶▶ 1218-1291（在位：1273〜1291）

ハプスブルク家初のドイツ国王。南ドイツの小諸侯だったが1273年に諸侯により国王に選出され、大空位時代に終止符を打つ。教皇と協調しボヘミア王オタカル2世をマルヒフェルトの戦いで破ると、オーストリアとシュタイアーマルクを没収し、家門勢力と政治の中心地を帝国東部に移転する。ハプスブルク家はこの時代に大きく発展した。

日蓮

聖職者・宗祖

▶▶▶ 1222-1282　関連事項 1

鎌倉時代の僧。法華宗（日蓮宗）の開祖。16歳で出家し鎌倉、比叡山、南都、高野山などで学んだ結果、『法華経』こそ至高の経典であると悟る。浄土宗を中心とした他宗教の批判を行ない、幕府からの弾圧や他宗教徒から迫害、襲撃を受けるも屈せず、『法華経』への帰依を説き続けた。1274年に身延山に入り、後進の育成に努めた。

- キプチャク=ハン国
- ハイドゥが1301年まで断続的に反抗する。
- カラコルム
- 1295年、カザン・ハンがイスラーム教へ改宗し、イスラーム化が進む。
- オゴタイ=ハン国
- チャガタイ=ハン国
- カスピ海
- イル=ハン国
- バグダード
- チベット仏教を保護
- 元
- 上都
- 大都（北京）
- 日本
- 鎌倉
- 朝貢
- 朝貢
- 1279年、崖山の戦いで南宋が滅亡する。
- 大宰府
- 京
- 1274年の文永の役、1281年の弘安の役の2度にわたる元の侵攻を撃退する。
- 太平洋
- デリー
- デリー=スルタン朝（奴隷王朝）
- ヒンドゥー諸王朝
- チベット
- パガン朝
- 1287年、元の侵攻を受けて滅亡する。
- スコータイ朝
- アンコール朝
- 陳朝大越国
- 1284年、元の侵攻を撃退。
- チャンパー
- 1288年、3度にわたる元の侵攻を撃退する。
- アラビア半島
- 三仏斉
- シンガサリ朝
- モンゴル帝国の版図

文天祥

忠臣

▶▶▶ 1236-1282

南宋の政治家で国家に殉じた忠臣として名高い。20歳で科挙に合格するも、気骨溢れる人物であったことが災いして政権の中枢から退けられた。1275年、モンゴルの侵攻に対して義勇軍を率いて戦い、中央政府に請われて宰相となった。1276年、元との和平交渉の際に捕えられたが脱出。1279年に南宋が滅亡すると、身柄を大都へ送られて帰順を求められたが拒絶し、3年後に処刑された。

関連事項 3

どんな時代？

1274年、日本はユーラシア大陸を制した元の襲来という未曾有の危機に見舞われた。日蓮はこの国難を予言し、念仏宗に傾倒する幕府や民衆を批判し、『法華経』への帰依を説いた。

一方中国では1279年に南宋が元によって征服され、忠臣・文天祥が国に殉じている。

ヨーロッパではエドワード1世がウェールズを征服し、1283年に子のエドワードをウェールズ大公に任命し、「プリンス・オブ・ウェールズ」の称号の発祥となった。ドイツではルドルフ1世が国王に選出され、ハプスブルク家台頭の第一歩が刻まれた。

第2章　中世──封建時代の混乱を戦い抜いた人々　51

フィリップ4世（美男王）

関連事項 **1 2 3**

▶▶▶ **1268-1314**（在位：1285～1314）

カペー朝末期第11代のフランス国王。対英戦争の戦費調達のため聖職者への課税を断行したことで教皇ボニファティウス8世と対立する。三部会を召集して国内の支持を得るとイタリアへ出兵、1303年に教皇をアナーニの別荘に幽閉するアナーニ事件を起こした。また、教皇によって特権を与えられていたテンプル騎士団を解散させ、所領と財産を没収した。

アナーニ事件の国王

アナーニ事件ののち、1309年から教皇庁が置かれたアヴィニョン。

- 1306年、スコットランドでロバート・ブルースが（ロバート1世）即位する。
- ハンザ同盟が北方の貿易を独占する。
- 1313年～1340年、ウズベク・ハンの時代に最盛期を迎える。

スコットランド王国 / **イングランド王国** / **ドイツ騎士団領** / **リトアニア大公国** / **ポーランド王国** / **キプチャク=ハン国** / **神聖ローマ帝国** / ロンドン / パリ / ヴェネツィア / **ハンガリー王国** / **オゴタイ=ハン国** / アラル海 / 1310年、併合 / **チャガタイ=ハン国**

キリスト教諸国
- レオン王国
- カスティリャ王国
- アラゴン王国
- ポルトガル王国

フランス王国 / ローマ / 教皇領 / **ビザンツ帝国** / 黒海 / コンスタンティノープル / カスピ海

レコンキスタ！ / グラナダ / **ナスル朝** / 大西洋 / **マリーン朝** / サハラ砂漠 / **ハフス朝** / 地中海 / **オスマン帝国** / 圧迫 / エルサレム / カイロ / **マムルーク朝** / **イル=ハン国** / アラビア半島 / **デリー** / **トゥグルク朝**

聖職者への課税を巡り対立。
▼
1303年、アナーニ事件
1309年、教皇庁がアヴィニョンへ移る。

抗争の末、1323年、平和条約を結ぶ。

ボニファティウス8世

憤慨の教皇

▶▶▶ **1235頃-1303**（在位：1294～1303）

ローマ教皇。教会法学者で、ローマ大学を創設したり、画家ジョットを後援するなど文化面で活躍した。1300年に初めて聖年を定めて教皇の威信を高め、1302年には『ウーナム=サンクタム』で教皇権の至上性を主張したが、1303年にアナーニ事件により幽閉される。3日後に市民によって解放されるも数週間後にローマで憤死した。

関連事項 **2**

デリーのクトゥブ・ミナールは、インド初の光塔。高さは73mに達する。

▢ モンゴル帝国の版図
▢ トゥグルク朝の最大版図

14世紀前期（1301年～1335年）

後醍醐天皇が鎌倉幕府打倒に不屈の闘志を燃やしていた頃、教皇**ボニファティウス8世**が幽閉されるアナーニ事件が勃発！

後醍醐天皇

▶▶▶ 1288-1339（在位：1318～1339）

関連事項 ① ② ③ ④ ⑤

鎌倉時代末期の天皇。諱は尊治、1304年に大宰帥となり、帥宮と呼ばれた。1318年の即位以降、鎌倉幕府打倒のために1324年に正中の変、1331年に元弘の変を起こすが失敗し、隠岐に流される。しかし、翌年には隠岐から脱出し足利尊氏、新田義貞の助力を得て**鎌倉幕府を滅ぼす**。倒幕後は建武の新政を開始するが、足利尊氏の離反を受けて吉野へ逃亡。南朝を開き足利尊氏に対抗した。

倒幕の天皇

《この時代の主な出来事》

日本史

1318年	後醍醐天皇が即位する。①
1324年	後醍醐天皇の倒幕計画が露見する。（正中の変）②
1331年	後醍醐天皇が再び討幕を計画する。（元弘の変）③
	楠木正成が挙兵。幕府が**光厳天皇**を擁立する。
1332年	後醍醐天皇が隠岐に配流される。④
1333年	後醍醐天皇が隠岐を脱出する。
	足利尊氏が六波羅探題を攻略する。
	新田義貞が鎌倉を攻略し、鎌倉幕府が滅亡する。
1334年	建武の新政が始まる。⑤

世界史

1302年	フランスで**フィリップ4世**が三部会を召集する。①
1303年	教皇ボニファティウス8世がアナーニでフィリップ4世により監禁される。（アナーニ事件）②
1306年	**ロバート・ブルース（ロバート1世）**がスコットランド王位継承を宣言する。
1307年	**フィリップ4世**、テンプル騎士団を弾圧する。
	エドワード1世がスコットランド遠征の途上で病死する。
1308年	この頃、ダンテの『神曲（地獄篇）』が完成する。
1309年	教皇クレメンス5世が南仏のアヴィニョンに移り、「教皇のバビロン捕囚」が始まる。③
1314年	バノックバーンの戦いで、**ロバート・ブルース（ロバート1世）**がイングランド軍を撃破する。
1315年	モルガルテンの戦いで、スイスがオーストリアを破る。
1327年	**エドワード2世**が廃位され、**エドワード3世**が即位。エドワード2世は密かに殺害される。
1328年	シャルル1世が没し、カペー朝が断絶する。

1318年に即位した後醍醐天皇が倒幕を画策。2度にわたる失敗ののち、1333年、鎌倉幕府打倒に成功する。

どんな時代？

1318年に即位した後醍醐天皇は、天皇親政を企図して鎌倉幕府倒幕に邁進。1324年に正中の変を、1331年に元弘の変を起こすも失敗し隠岐に流された。

一方その頃、ヨーロッパではローマ教皇の権威に翳りが見え始める。ローマ教皇ボニファティウス8世は、フランス国内の聖職者に対する課税を巡ってフランス国王フィリップ4世と激しく対立。1303年、フィリップ4世がボニファティウス8世を幽閉するアナーニ事件が勃発した。さらにフィリップ4世は1309年に教皇庁をアヴィニョンへ移転し、管理下に置いてしまう。

エドワード黒太子

名将

▶▶▶ **1330-1376** 関連事項❷

イングランド王エドワード3世の長子で、黒の甲冑を着用したことから「黒太子（the Black Prince）」と呼ばれた。百年戦争の初期においてクレシーの戦い（1346年）やポワティエの戦い（1356年）で活躍し、ポワティエではフランス王ジャン2世を捕虜にする活躍を見せた。しかし、カスティリャ王国への出兵を契機にアキテーヌ貴族の反乱を招くと、自身は赤痢にかかって帰国。父に先んじて没した。

ブリューゲルの『死の勝利』（プラド美術館所蔵）。ペストの流行はヨーロッパの死生観を大きく変え、死をテーマとした絵画が頻繁に描かれるようになった。

1339年、アキテーヌ公領、ブルターニュ公領、フランドル伯領およびフランス王位を巡る対立から英仏百年戦争が勃発！

1356年、カール4世が金印勅書を発布する。

1359年、バトゥ朝が断絶。

1370年、ティムール帝国が建国される。

- イングランド王国
- ロンドン
- ドイツ騎士団領
- ポーランド王国
- キプチャク＝ハン国
- パリ
- 神聖ローマ帝国
- ヴェネツィア
- アラル海
- カスピ海
- 西チャガタイ＝ハン国
- フランス王国
- キリスト教諸王国
  - レオン王国
  - カスティリャ王国
  - アラゴン王国
  - ポルトガル王国
- レコンキスタ！
- グラナダ
- ナスル朝
- 大西洋
- ペスト大流行（1346～1350）
- 黒海
- ローマ
- コンスタンティノープル
- ビザンツ帝国 ← オスマン帝国
- 圧迫
- 地中海
- エルサレム
- バグダード
- イル＝ハン国
- マムルーク朝
- アラビア半島
- デリー
- トゥグルク朝
- 南インドへ進出
- ヴィジャヤナガル王国

どんな時代？

鎌倉幕府を打倒した後醍醐天皇により行なわれた建武の新政であったが、1335年、足利尊氏が離反。翌年の湊川の戦いに勝利して建武政権を崩壊させ、1336年に室町幕府を開いた。

その頃、イスラーム世界ではモロッコの大旅行家イブン・バットゥータが世界周遊に出発。1345年には中国へ到達した。ヨーロッパでは英仏百年戦争が勃発し、エドワード黒太子の活躍により、イングランドが優位に戦いを進めていた。

イブン・バットゥータ

旅行家

▶▶▶ **1304-1377年頃**

アラブの大旅行家。1325年にモロッコからメッカ巡礼の旅に出発し、カイロ、ダマスクス、メディナ、アデン、キルワを経てメッカへと至った。さらにエジプト、シリア、小アジア、クリミア半島などを経てデリーに滞在、後に元朝への使節団に参加した後、海路で帰国。その後もイベリア半島のグラナダを訪問、サハラ砂漠を横断。黒人の国であるマリ王国の調査を行なった。1354年にモロッコに帰ると、この30年に及ぶ旅行を口述筆記により『三大陸周遊記』をまとめた。 関連事項❸

14世紀中期（1336年～1370年）

足利尊氏が室町幕府を開いた頃、大旅行家**イブン・バットゥータ**が世界中を冒険！

足利尊氏 ▶▶▶ 1305-1358
室町幕府 初代将軍

鎌倉末期の武将。室町幕府の初代将軍。後醍醐天皇が隠岐から脱出した際に、六波羅探題を滅ぼすなど鎌倉幕府打倒に貢献した。しかし、建武の新政において冷遇され1335年、後醍醐天皇より離反。天皇方に敗れて一旦九州に退いたが、光明天皇を擁立し九州の諸勢力を味方につけて東上。1336年の湊川の戦いに勝利して、建武式目を発布し、室町幕府を開いた。

関連事項 ❶ ❷

1351年、紅巾の乱が起こる。

カラコルム
東チャガタイ=ハン国
元
大都
チベット
京 鎌倉
日本
金陵
太平洋

洪武帝（明太祖） ▶▶▶ 1328-1398
（在位：1368〜1398） 関連事項 ❶ ❹

明の太祖

明の初代皇帝。本名は朱元璋。安徽省の貧農の子として生まれ、元末に起こった紅巾の乱に身を投じた。紅巾軍の頭目の一人である郭子興のもとで頭角を現わすと、1364年に自立。紅巾の乱の指導者・韓林児を討ち、1368年に金陵（現・南京）で即位して明朝を開いた。1387年までに元をモンゴルへと追って全国を統一したが、猜疑心の強い性格が災いして晩年は多くの功臣を粛清した。

アユタヤ朝
陳朝大越国
アンコールを占領
チャンパー
マジャパヒト王国

■ モンゴル帝国の版図
■ トゥグルク朝の最大版図

《この時代の主な出来事》

日本史

1336年	湊川の戦いで、**足利尊氏**が新田義貞・楠木正成軍を破る。❶
	後醍醐天皇が吉野に移る。（南北朝時代の始まり）
1338年	**足利尊氏**、征夷大将軍に就任。❷
1350年	倭寇が高麗沿岸に侵入する。
1351年	前年に引き続き、倭寇が高麗沿岸に侵入する。
1367年	高麗が倭寇の禁止を要請する。
1368年	**足利義満**が3代将軍に就任する。
1369年	明の洪武帝が倭寇の禁止を要請する。

世界史

1336年	南インドでヴィジャヤナガル王国が成立する。
1339年	英仏百年戦争が始まる。
1346年	ペストがヨーロッパで大流行する。（〜1350年）
1351年	元で紅巾の乱が起こる。❶
1356年	英仏百年戦争、ポワティエの戦いでイングランド軍が勝利する。❷
	神聖ローマ皇帝カール4世が金印勅書を発布する。
1357年	『都市の不思議と旅の驚異を見る者への贈物』（『三大陸周遊記』）が完成する。❸
1358年	フランスでジャックリーの反乱が起こる。
1362年	オスマン帝国がアドリアノープルを占領する。
1366年	オスマン帝国がアドリアノープルに遷都する。
1368年	**朱元璋（洪武帝）**が明を建国する。❹
1370年	**ティムール**がサマルカンドに帝国を樹立する。

第2章 中世──封建時代の混乱を戦い抜いた人々

シャルル5世（賢王） 名君

▶▶▶ 1337-1380（在位：1364～1380）

ヴァロア朝第3代フランス国王。ポワティエの戦いにより父、ジャン2世がイングランドの捕虜となったために、摂政となる。1358年にジャックリーの乱を鎮圧すると、1364年の即位後、名将デュ＝ゲクランを起用してイングランドから占領地の奪還に成功した。また、諸団体に課す一般税、都市の援助金、塩の専売収益の三大収税体系を整備し、**税金の父と呼ばれる**。文化事業にも注力し、ルーヴルに貴重本を収集して博物館の基礎を築いた。

関連事項 1

シャルル5世の覇業を助けた名将ベルトラン・デュ＝ゲクランの像。1370年よりフランス大元帥を務めた。

百年戦争（1339年～）シャルル5世がベルトラン・デュ＝ゲクランを起用して反撃。

1396年、オスマン帝国がニコポリスの戦いでヨーロッパ連合軍を破る。

1389年、コソヴォの戦いに勝利したオスマン帝国がセルビアなどの連合軍を征服する。

1380年、ティムールが西征を開始する。

ティムール 英雄・征服者

▶▶▶ 1336-1405

ティムール朝の初代君主。1370年に西トルキスタンを統一し、ティムール朝を創始。サマルカンドを都とした。その後も征服戦争を繰り返し、**中央アジアから西アジアに及ぶ大帝国を作る**。1402年には、成長著しいオスマン帝国をアンカラの戦いで破り、さらに1405年、明への侵攻を企図したが、その途上で没した。

関連事項 2 3 4

世界遺産誕生！ サマルカンド 文化交差路

ティムールは、13世紀のモンゴル軍の侵攻によって廃墟と化したサマルカンドに都を置くと、無類の美しい都市を建設すべく、征服先から優れた技術者や芸術家たちをサマルカンドへ連行。都市づくりや文化事業に協力させた。こうしてレギスタン広場に並ぶ3つのメドレセなど、精緻な青いタイル模様をシンボルとする「青の都」が誕生した。

14世紀後期（1371年～1400年）

足利義満が南北朝を統一。その頃、ティムールが中央アジアに大帝国を打ち立てた

永楽帝（明成祖） 関連事項 5 名君

▶▶▶▶ 1360-1424（在位：1402〜1424）

明の初代・洪武帝の子で第3代皇帝、成祖。本名は朱棣。燕王に奉じられ北元に対する防衛戦で功をなした。1398年に甥の建文帝が即位すると翌年、挙兵。靖難の変を起こして3年にわたる内戦の末に建文帝を追い落として即位した。即位後は独裁権力の強化に努める一方、5次にわたる北方への親征など、外征を積極的に行なった。

1399年〜1402年 靖難の変
1399年、建文帝の諸王抑圧策に対して燕王朱棣が挙兵。南京を攻略して帝位を奪った。建文帝はその過程で行方不明となる。

《この時代の主な出来事》

日本史
1374年	観阿弥・世阿弥が新熊野神社で猿楽能を上演する。
1378年	足利義満が「花の御所」に移る。❶
1386年	京都・鎌倉の五山の座位が定められる。
1392年	南北朝が統一される。❷
1394年	足利義満が将軍職を義持に譲り、太政大臣となる。❸
1398年	足利義満、鹿苑寺金閣を建立する。❹
1399年	応永の乱で大内義弘が敗死する。
1400年	世阿弥が『風姿花伝』（第三篇まで）を著わす。

世界史
1375年	シャルル5世、イングランドによる占領地の大部分の奪還に成功する。❶
1378年	教会大分裂が始まる。
1381年	イギリス、ワット・タイラーの乱が起こる。
	ヴェネツィアがジェノヴァを破り、地中海の覇権を確立する。
1388年	明の藍玉により北元が滅亡する。
1389年	オスマン帝国でバヤジット1世が即位する。
	オスマン帝国がコソヴォの戦いでセルビア・ボスニア・ワラキア連合軍に勝利する。
	ティムールが西チャガタイ＝ハン国を滅ぼす。❷
1392年	李成桂が李氏朝鮮を建国する。
1395年	ティムールがキプチャク＝ハン国を攻める。❸
1396年	オスマン帝国がニコポリスの戦いでハンガリー率いるヨーロッパ連合軍に勝利する。
1398年	ティムール、インドに侵入してデリーを占領する。❹
1399年	明で燕王朱棣が挙兵する。（靖難の変）❺

（地図中の注記）

- オイラト
- タタール（北元）
- 北方へ追いやる。
- 北京
- 朝貢
- 李氏朝鮮
- 明
- 南京
- 京
- 大宰府
- 日本
- チベット
- 足利義満により南北朝の合一が成り、北山文化が開花する。
- 1369年、倭寇の取り締まりを依頼するも、九州の懐良親王は明使一行を殺害。その後数次にわたり交渉が持たれた。
- 太平洋
- 14世紀末、倭寇の活動が活発化する。
- 陳朝大越国
- ペグー朝
- チャンパー
- マラッカ

足利義満 ▶▶▶▶ 1358-1408 名君

室町幕府第3代将軍。南朝に和平を申し入れ、今後の帝位は大覚寺統と持明院統を交互とすることを条件に1392年に南北朝を統一した。また、明に国書を送り、勘合貿易を成立させたほか、鹿苑寺金閣の建立などを行ない、北山文化を開花させた。 関連事項 ❶❷❸❹

□ ティムール帝国の最大版図

どんな時代？

後醍醐天皇の吉野入り以来、長きにわたり繰り広げられてきた南北朝の争乱は、14世紀末、足利義満によって南北朝合一が成り、終止符が打たれた。

その頃明では燕王・朱棣が靖難の変を起こして2代建文帝より帝位を簒奪。中央アジアではティムールが積極的な外征によって覇権を打ち立てていた。百年戦争で劣勢に立たされていたフランスでは、シャルル5世が登場して国税の基礎を作り、国内を建て直すなど、東西に名君が続々と現われる時代となった。

第2章 中世──封建時代の混乱を戦い抜いた人々

ヤン・フス

宗教改革の先駆者

▶▶▶ 1370頃-1415

チェコの宗教改革家。プラハ大学で学んだ後、同大学の神学教授となり、**救霊予定説を唱えて教会改革を主張**。教皇の世俗的権力を否定した。結果、プラハと教皇庁の対立が深まりプラハ自体が破門宣告を受けた。フス自身はその後も教説を辞めず、コンスタンツ公会議でも持論を捨てなかったため、1415年、火刑に処された。その後、彼の教説を信奉するフス派が結集し、1419年にフス戦争が勃発する。関連事項 2

1402年 アンカラの戦い
世界史を変えた戦い

1402年、オスマン帝国に領土を奪われた小アジアの君主を援助するティムールが、アナトリアへ侵攻。折しもビザンツ帝国の首都コンスタンティノープルを包囲していたオスマン帝国のバヤジット1世は急遽東へ戻り、両軍はアンカラ北東で対峙した。
7月20日の戦闘中、オスマン軍中の小アジア勢力が、ティムール側に寝返ったため大勢が決し、バヤジット1世が退却中に捕虜となった。この敗戦によって、オスマン帝国は一時壊滅状態となり、ビザンツ帝国は滅亡から救われた。

フランス国内においてアルマニャック派とブルゴーニュ派が対立。イングランドがブルゴーニュ派に立って介入したため、アルマニャック派の王太子シャルルは孤立状態となる。

イングランド王国／モスクワ大公国／リトアニア=ポーランド王国／モスクワ／神聖ローマ帝国／ヴェネツィア／大西洋／フランス王国／フィレンツェ／黒海／キプチャク=ハン国／カスティリャ王国／ローマ／コンスタンティノープル／オスマン帝国／カスピ海／東チャガタイ=ハン国／アラゴン王国／ポルトガル王国／レコンキスタ！／ナスル朝／グラナダ／ビザンツ帝国／サマルカンド

1426年、キプロス島を占領。

マムルーク朝／地中海／バグダード／ティムール帝国

1402年、アンカラの戦いで激突。

1402年のアンカラの戦いで壊滅状態となるも、メフメト1世により再興される。

デリー／トゥグルク朝／アラビア半島／バフマニー朝／ヴィジャヤナガル王国

ジャンヌ・ダルク

救国の英雄

▶▶▶ 1412-1431

百年戦争後期に活躍したフランスの少女。ドムレミ村の農家の娘として生まれ、13歳の時に救国の神託を受ける。王太子シャルルに謁見し、数千の軍を預かるとイングランド軍に包囲されていたオルレアンへ向かい、1429年、奪還に成功した。その後ランス大聖堂における**シャルル7世の戴冠に貢献**したが、パリ攻略失敗後、イングランド方に捕らえられ、1431年、魔女としてルーアンで火刑に処された。1920年にローマ教皇庁によって聖人に加えられた。関連事項 3 4

シンハラ

どんな時代？

15世紀前期、室町幕府で足利義教（よしのり）が将軍職につき恐怖政治を開始した頃、3山に分かれて覇権争いを繰り返していた琉球（りゅうきゅう）が、1429年、尚巴志によって統一された。

永楽帝の積極的な対外遠征の方針のもと、鄭和が最後の南海遠征に出たのもこの時期である。

一方ヨーロッパでは、英仏の百年戦争においてフランスが圧倒的劣勢下にあったが、ジャンヌ・ダルクが登場。オルレアンを解放してシャルル7世を戴冠させることに成功した。

鄭和（ていわ）

宦官・冒険家　関連事項 1

▶▶▶ 1371-1434頃

中国、明代の宦官。南海遠征艦隊の指揮官。雲南出身でイスラーム教徒で宦官の身であったが、靖難の役で武功を上げ、太監に任じられる。永楽帝から宣徳帝の時代にかけて、29年間で都合7回にわたる南海遠征を行なった。この遠征は沿岸諸国に朝貢を促すとともに中国の海外貿易を発展させた。

15世紀前期（1401年〜1435年）

琉球が尚巴志によって統一された頃、百年戦争で劣勢のフランスにジャンヌ・ダルクが登場！

明の皇帝が天を祀り、五穀豊穣を祈った天壇は、永楽帝により都が北京へ遷された際に建設された。273万平方メートルの敷地に圜丘壇、皇穹宇、祈年殿が建ち、祈年殿を中心的建造物とする。

オイラト
タタール（北元）
1405年、ティムールが明遠征の途上で病死する。
北征を進める。
北京
朝貢
李氏朝鮮
京　日本
明
南京
チベット

日本は朝貢とともに積極的な貿易を展開。『明史』には、日本が明の定めた貿易の制限を守らなかったことが記されている。

太平洋

ペグー朝
チャンパー
マラッカ
マジャパヒト王国

尚巴志　英雄・王朝創始者
▶▶▶ 1372-1439

琉球王国第1尚氏王統2代目の王。1406年に当時の沖縄本島にあった中山を乗っ取り、父を王位につけると、南山、北山を滅ぼして1429年、琉球初の統一王朝を樹立すると、明をはじめ、朝鮮や東南アジアと活発に貿易を行なった。また、首里城を王家の居城に定め、造営に注力した。　関連事項 ❶

□ ティムール帝国の最大版図
← 鄭和の南海遠征航路

《この時代の主な出来事》

日本史

1401年	足利義満が祖阿らを明へ派遣する。
1402年	足利義満が倭寇を禁圧する。
	明使が「日本国王源」宛ての国書を送る。
1404年	日明（勘合）貿易を開始する。
1419年	李氏朝鮮が倭寇対策として対馬を襲撃する。（応永の外寇）
1423年	足利義量が将軍に就任する。
1428年	正長の土一揆がおこる。
1429年	足利義教が将軍に就任する。
	尚巴志が琉球王国を建国する。❶
	播磨の国一揆が起こる。

世界史

1402年	ティムールがアンカラの戦いでオスマン帝国を破りバヤジット1世を捕虜とする。
	明で永楽帝が即位する。
1405年	ティムールが病没する。
	明で第1回鄭和の南海遠征が行なわれる（1433年までに7回）。❶
1410年	明で漠北親征が行なわれる。（〜1424年までに5回）。
1415年	コンスタンツの公会議の開催中、フスが処刑される。❷
1422年	オスマン軍がコンスタンティノープルを包囲する。
1427年	この頃、メキシコでアステカ帝国が成立する。
1429年	英仏百年戦争でジャンヌ・ダルクがオルレアンの囲みを解く。❸
1431年	ジャンヌ・ダルクがルーアンで処刑される。❹
1434年	フィレンツェでコジモ・デ・メディチが政務を執る。

第2章　中世──封建時代の混乱を戦い抜いた人々

世界遺産誕生！

万里の長城

秦の始皇帝によって築かれた万里の長城は、明の永楽帝の時代以降、大改修が行なわれた。とくにオイラトの侵入後積極化され、15〜16世紀のうちに東西2400kmにおよぶ現在の万里の長城が完成した。

1449年土木の変で、明の英宗がオイラトに捕えられる。

《この時代の主な出来事》

日本史

1438年	永享の乱が勃発。**足利義教**が足利持氏を自害へ追い込む。
1440年	下総の**結城氏朝**、持氏の遺児を擁して挙兵する。(結城合戦)
1441年	**足利義教**が謀殺される。(嘉吉の乱)
1452年	**細川勝元**が管領に就任する。
1453年	**足利義政**が将軍に就任する。❶
1454年	**畠山義就・政長**の家督争いが起こる。
1455年	**足利成氏**が今川範忠に敗れ、下総古河へ逃れる。
1457年	**太田道灌**が武蔵江戸城を築城する。
	アイヌが和人の進出に対して蜂起する。(**コシャマインの戦い**)
	蓮如が本願寺派第8代法主となる。
1467年	**応仁・文明の乱**が起こる。❷

世界史

1442年	南イタリアにアラゴン王家の支配が確立する。
1443年	フィレンツェで税制改革が行なわれ、世界初の累進所得税が実現する。
1444年	ポルトガルがヴェルデ岬に到達する。
1446年	李氏朝鮮の**世宗**がハングルを制定する。
1449年	土木の変が起こり、オイラトの**エセン・ハン**が明の英宗を捕える。
1453年	オスマン帝国によりコンスタンティノープルが陥落し、ビザンツ帝国が滅亡する。❶
	英仏百年戦争が終結する。
1455年	イギリスでバラ戦争が勃発する。
1456年	**グーテンベルク**が活版印刷術を発明する。
1461年	イギリスで**エドワード4世**が推戴され、ヨーク朝が創始される。
1469年	**ロレンツォ・デ・メディチ**がメディチ家当主となる。❷
	カスティリャ王女**イザベル**とアラゴン王子**フェルナンド**が結婚する。

足利義政 (あしかがよしまさ)

暗君

▶▶▶ 1436-1490

室町幕府第8代将軍。妻、日野富子との間に子ができなかったため、1464年に弟の義視を養子とするが、翌年に妻との間に実子、義尚が生まれる。この継嗣争いに有力大名家の家督争い、細川勝元と山名持豊の対立が相乗りして応仁・文明の乱へと発展した。義政は乱の最中に義尚に将軍職を譲ると京都東山山荘へ移り、銀閣の建立に着手。「わび」「さび」に重きを置いた**東山文化の発展**の基礎をつくった。

関連事項 ❶ ❷

第2章　中世——封建時代の混乱を戦い抜いた人々

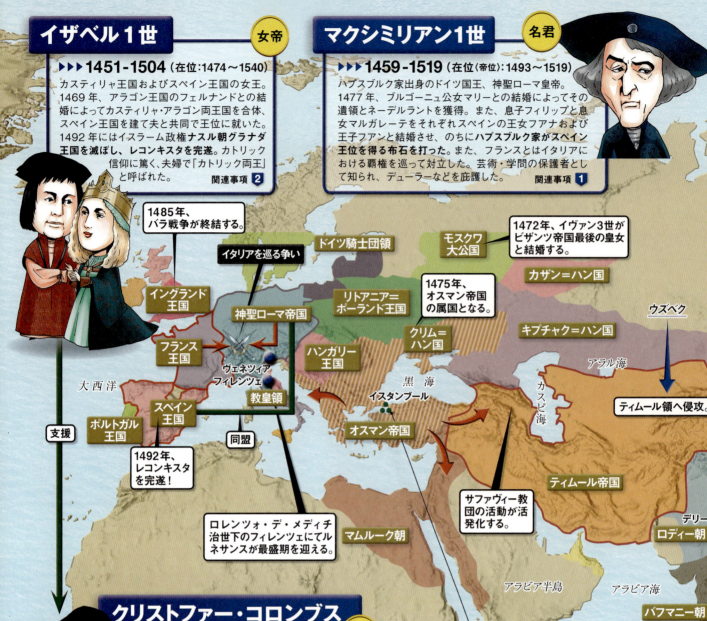

イザベル1世 〔女帝〕

▶▶▶ 1451-1504（在位：1474〜1540）

カスティリャ王国およびスペイン王国の女王。1469年、アラゴン王国のフェルナンドとの結婚によってカスティリャ・アラゴン両王国を合体、スペイン王国を建て夫と共同で王位に就いた。1492年にはイスラーム政権ナスル朝グラナダ王国を滅ぼし、レコンキスタを完遂。カトリック信仰に篤く、夫婦で「カトリック両王」と呼ばれた。 関連事項 2

マクシミリアン1世 〔名君〕

▶▶▶ 1459-1519（在位〈帝位〉：1493〜1519）

ハプスブルク家出身のドイツ国王、神聖ローマ皇帝。1477年、ブルゴーニュ公女マリーとの結婚によってその遺領とネーデルラントを獲得。また、息子フィリップと息女マルガレーテをそれぞれスペインの王女フアナおよび王子フアンと結婚させ、のちにハプスブルク家がスペイン王位を得る布石を打った。また、フランスとはイタリアにおける覇権を巡って対立した。芸術・学問の保護者として知られ、デューラーなどを庇護した。 関連事項 1

クリストファー・コロンブス 〔冒険者〕

▶▶▶ 1451-1506

イタリア、ジェノヴァ出身の航海者。アメリカ大陸を発見したことで知られる。地理学者であったトスカネリの影響を受け西廻り航路によるインドへの到達を計画する。スペイン女王イザベル1世の援助を得て1492年、サンサルバドル島へ到達した。以後3度の航海を行なって西洋人として初めてアメリカ大陸へ到達したが、本人は最後までインドに到達したと信じていた。 関連事項 3

世界遺産誕生！ トプカプ宮殿

トプカプ宮はメフメト2世がコンスタンティノープル占領から6年後に造営を開始し、1465年頃までに完成したといわれる。三方を海に囲まれた丘の上に位置し、敷地は約70万平方メートルを誇る。特徴的なのが敷地西部の多くを占めるハレムである。母后を最高権力者とし、スルタンの夫人たちや女奴隷たちが暮らしていた。スルタンの夜伽の相手を務める女性は皆女奴隷の立場でトルコ人ではなく、奴隷市場から買われるなどした外国人であった。

どんな時代？

日本では、15世紀後期は永享の乱に始まる関東の擾乱と応仁・文明の乱を契機に戦国時代へ突入。下剋上のさきがけとして北条早雲が1495年、小田原城を奪取し、伊豆・相模を領土としていった。

その頃、イベリア半島ではカスティリャ王女イザベルとアラゴンの王子フェルナンドの婚姻によりスペイン王国が誕生。1492年にグラナダ王国を滅ぼしてレコンキスタを完遂した。

15世紀後期（1471年～1500年）

北条早雲が小田原城を奪取した頃、イザベル1世がレコンキスタを完遂！

- 明の最大版図
- ティムール帝国の最大版図
- オイラトの最大版図
- → オスマン帝国の拡大

女真
オイラト
15～16世紀、北虜南倭に悩む。
朝貢
李氏朝鮮
明
日本
全国的に戦国乱世へ突入。各地で小競り合いや一揆が続発する。
勘合貿易
チベット
太平洋

黎朝大越国
1471年に滅ぼす。
ペグー朝
アユタヤ朝
チャンパー
マラッカ
マジャパヒト王国

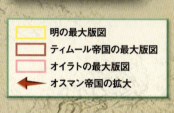

英雄　北条早雲（伊勢宗瑞）
▶▶▶ 1432-1519

関東一帯に勢力を張った戦国大名北条氏の祖。伊勢氏の出身で、1469年に駿河に下向し、今川家の内紛を調停した。その後、駿河国興国寺城の城主となると、**伊豆、相模を制圧し、北条氏による関東制覇の基礎を確立した**。1495年には策を用いて大森氏より小田原城奪取に成功したという。　関連事項 ❶

《この時代の主な出来事》

日本史
- 1471年 — 蓮如が越前に吉崎御坊を建立する。
- 1474年 — 一休宗純が大徳寺の住持に就任する。
　　　　　 関東で長尾景春の乱が起こる。
- 1476年 — 応仁・文明の乱が終結する。
- 1477年 — 山城の土一揆が起こる。
- 1479年 — 蓮如が山科に本願寺を建立する。
- 1480年 — 京都で土一揆が起こる。
- 1485年 — 山城の国一揆が始まる。（～1493年）
- 1488年 — 加賀の一向一揆が始まる。（～1580年）
- 1489年 — 足利義政が慈照寺銀閣を建立する。
- 1493年 — 明応の政変が起こる。
- 1495年 — **北条早雲（伊勢宗瑞）、小田原城を奪う。** ❶

世界史
- 1471年 — 黎朝大越国がチャンパーを滅ぼす。
- 1474年 — ※この頃、トスカネリが『世界地図』を作成する。
- 1477年 — ハプスブルク家の**マクシミリアンとマリー・ド・ブルゴーニュが結婚する。** ❶
- 1479年 — スペイン王国が成立する。
- 1480年 — モスクワ大公国が自立する。
- 1485年 — ボズワースの戦いで**リチャード3世**が敗死し、バラ戦争が終結。**ヘンリー7世**がテューダー朝を開く。
- 1487年 — イタリアで魔女裁判の手引書『魔女の鉄槌』が出版される。
- 1488年 — ポルトガル人**バウトロメウ・ディアス**が喜望峰に到達する。
- 1492年 — グラナダが陥落し、ナスル朝が滅亡する。（レコンキスタ完了）❷
　　　　　 コロンブスがアメリカ大陸に到達する。❸
- 1494年 — トリデシリャス条約が締結される。
　　　　　 フィレンツェでメディチ家が追放され、**サヴォナローラ**が神権政治を始める。
- 1498年 — **ヴァスコ・ダ・ガマ**がカリカットに到達する。
- 1500年 — ティムール帝国が滅亡する。

第2章　中世——封建時代の混乱を戦い抜いた人々

フランソワ1世
関連事項 2　芸術王

▶▶▶ 1494-1547（在位：1515～1547）

ヴァロワ朝第9代の国王。1519年、神聖ローマ皇帝選挙でカール5世に敗れて以来、カール5世とイタリア戦争などで激しく争った。イタリア戦争では、オスマン帝国と結ぶなど、なりふり構わぬ外交を展開している。また、フランスにレオナルド・ダ・ヴィンチを招いたほか、イタリアから芸術家を集めるなど、**フランスを芸術の中心地に変えた人物**でもある。

1521年～ イタリア戦争
イタリアの支配権を巡り、フランスと神聖ローマ帝国が、教皇やフィレンツェやヴェネツィアなどイタリアの都市国家を味方に引き入れつつ、1559年まで戦いを繰り返した。

モスクワ大公国

イングランド王国
リトアニア=ポーランド王国

1529年、第1次ウィーン包囲を行なう。

神聖ローマ帝国

フランス王国　ハンガリー王国

ポルトガル王国　スペイン王国　教皇領

オスマン帝国

黒海　カスピ海

マルティン・ルター
関連事項 1　聖職者

▶▶▶ 1483-1546

ドイツの宗教改革者。免罪符を販売する教会を批判し、1517年、「九十五カ条の論題」を発表した。1520年に教皇から破門されたが、ザクセン選帝侯フリードリヒ3世の保護を受け、新約聖書のドイツ語訳を完成させる。その後はウィッテンベルクへ戻り、聖書に基づいた信仰のみを行なう福音主義を説き、**プロテスタント教会の源流をつくった**。1534年には旧約聖書のドイツ語訳出版を完成させた。

地中海

1501年、イスマーイール1世により建国される。

批判

サファヴィー朝

1517年、オスマン帝国がマムルーク朝を滅ぼす。

アラビア半島

世界遺産誕生！　マチュ・ピチュ
クスコ北方の山岳地帯、標高2,280mの尾根上に建てられたインカ都市。かつてはインカ帝国の滅亡後、王族が最後の抵抗を試みて築いた要塞都市ともいわれていたが、研究が進んだ現在は、太陽神を祀る祭祀都市であったとする見方が有力である。神殿や住居が整然と並び、インカの高度な文明を今に伝える。

ヘンリー8世
関連事項 4　暴君

▶▶▶ 1491-1547（在位：1509～1547）

テューダー朝第2代のイングランド王。海軍の強化と中央集権化を推進し、イギリス絶対王政を確立した。外交ではカール5世と結んでフランスへの侵入を繰り返し、ルター派に反発したが、最初の王妃キャサリン・オブ・アラゴンとの離婚問題から教皇と対立。**1534年、イギリス国教会を設立した**。反対する大法官トマス・モアを処刑し、修道院を解散して土地を市民に売り払うなど強権を振るった。離婚成立後、アン・ブーリンと結婚したが、その後も男児ほしさから離婚と結婚を繰り返した。

インカ帝国
1533年、スペインのピサロにより征服され、滅亡。

アンデス山脈に沿って広大な領土を誇っていた。領内は「インカ道」と呼ばれる幹線道路でつながれ、駅伝制が整えられていた。

スレイマン1世
名君

▶▶▶ 1494-1566

オスマン帝国第10代のスルタン。立法者とも呼ばれる。13回の親征によってアジア、アフリカ、ヨーロッパの3大陸にまたがる東地中海一帯を支配し、**オスマン帝国の黄金期を作り上げた**。内政では行政機構や軍制などの各制度や公共事業を充実させたほか、オスマン=イスラーム建築の代表であるスレイマニエ=モスクを完成させた。
関連事項 3

16世紀前期（1501年～1535年）

毛利元就が家督を継いだ頃、ドイツで**ルター**が宗教改革をスタート！

毛利元就 英雄
▶▶▶ 1497-1571

中国地方の戦国大名。兄の早世により1523年に家督を継ぐ。尼子・大内の二大勢力に囲まれた安芸において雌伏の時代を過ごすなか、次男・元春、三男・隆景らを有力国人の吉川氏、小早川氏の養子に送り込んで勢力を拡大した。1555年、大内義隆に反逆した陶晴賢を厳島の戦いで破って周防・長門を征服。1566年には尼子氏を滅ぼして山陰・山陽を支配下に収めた。

関連事項 ❶

《この時代の主な出来事》

日本史

1506年	北陸に一向一揆が起こる。
1507年	永正の錯乱が勃発する。
	越後守護の**上杉房能**、守護代の**長尾為景**と戦い敗死する。
1510年	三浦の乱が起こる。
1516年	**北条早雲**、三浦氏を相模新井城にて滅ぼす。
1522年	**武田信虎**が甲斐を統一する。
	伊達稙宗が陸奥国守護に就任する。
1523年	寧波の乱が起こる。
	毛利元就が家督を継ぐ。❶
1524年	**北条氏綱**、武蔵江戸城を奪取する。
1526年	**今川氏親**、『今川仮名目録』を制定する。
1532年	**三好元長**が謀殺される。
1534年	勢場ヶ原の戦いで、**大友義鑑**が大内義隆と争う。

地図情報

- モンゴル（韃靼）
- タリム盆地
- 北京
- 明
- 日本
- 勘合貿易が行なわれるも、寧波の乱により対日感情が悪化！
- 戦国時代に突入！
- ムガル帝国
- 海禁政策を展開し、朝貢のみを認める。
- 1523年 寧波の乱：勘合貿易を巡り大内氏が細川氏の船を焼き討ち。その後、大内氏が貿易を独占する。
- アユタヤ朝
- 1526年、バーブルがパーニーパットの戦いでロディー朝を打倒し、建国する。
- 太平洋

アユタヤの遺跡にそびえる、王族の仏塔ワット・シー・プラ・サンペット。

どんな時代？

のちに中国地方の覇者となる毛利元就が毛利家の家督を継いだのは、1523年のことである。

この頃、スレイマン1世のもとでオスマン帝国が最盛期を迎え、ドイツでは1517年に「九十五カ条の論題」を公表して宗教改革を始めたルターが、ドイツ語訳聖書を出版。キリスト教世界は最大の転換期を迎えていた。そのルターを弾圧するカール5世は、フランスのフランソワ1世とイタリアを巡って激しく争い、1525年にはパヴィアの戦いでフランソワ1世を捕虜とした。また、レコンキスタを完遂したスペインでは、新大陸にコンキスタドールが送り出され、征服活動を進めていた。

世界史

1501年	イランで**イスマーイール1世**がサファヴィー朝を建国する。
1504年	**ミケランジェロ**が『ダヴィデ像』を完成させる。
1511年	**ユリウス2世**、反フランスの神聖同盟を結成する。
1516年	**マクシミリアン1世**の孫カール、スペイン王**カルロス1世**として即位する。
1517年	**ルター**、「九十五カ条の論題」を掲示する。（宗教改革の始まり）❶
1519年	マゼランが世界周航に出発する。
	スペイン王**カルロス1世**が神聖ローマ皇帝を兼ねる。（カール5世）
1521年	**コルテス**がアステカ帝国を征服する。
	イタリア戦争が勃発する。❷
1526年	インドにムガル帝国が成立する。
1527年	**カール5世**、ローマ劫略を行なう。
1529年	オスマン帝国による第1次ウィーン包囲が行なわれる。❸
1530年	ルターを支持するプロテスタント諸侯がシュマルカルデン同盟を結ぶ。
1533年	ピサロがインカ帝国を征服する。
	アンリ2世、カトリーヌ・ド・メディシスと結婚する。
1534年	**ヘンリー8世**、首長令を制定し、イギリス国教会を設立する。❹
	イグナティウス・ロヨラがイエズス会を創設する。

第2章 中世——封建時代の混乱を戦い抜いた人々

第2章の和暦・西暦対照表

時代	和暦	西暦
平安時代	延久	1069〜1074
	承保	1074〜1077
	承暦	1077〜1081
	永保	1081〜1084
	応徳	1084〜1087
	寛治	1087〜1094
	嘉保	1094〜1096
	永長	1096〜1097
	承徳	1097〜1099
	康和	1099〜1104
	長治	1104〜1106
	嘉承	1106〜1108
	天仁	1108〜1110
	天永	1110〜1113
	永久	1113〜1118
	元永	1118〜1120
	保安	1120〜1124
	天治	1124〜1126
	大治	1126〜1131
	天承	1131〜1132
	長承	1132〜1135
	保延	1135〜1141
	永治	1141〜1142
	康治	1142〜1144
	天養	1144〜1145
	久安	1145〜1151
	仁平	1151〜1154
	久寿	1154〜1156
	保元	1156〜1159
	平治	1159〜1160
	永暦	1160〜1161
	応保	1161〜1163
	長寛	1163〜1165
	永万	1165〜1166
	仁安	1166〜1169
	嘉応	1169〜1171
	承安	1171〜1175
	安元	1175〜1177
	治承	1177〜1181
	養和	1181〜1182
	寿永	1182〜1184
鎌倉時代	元暦	1184〜1185
	文治	1185〜1190
	建久	1190〜1199
	正治	1199〜1201
	建仁	1201〜1204
	元久	1204〜1206
	建永	1206〜1207
	承元	1207〜1211
	建暦	1211〜1213
	建保	1213〜1219
	承久	1219〜1222
	貞応	1222〜1224
	元仁	1224〜1225
	嘉禄	1225〜1227
	安貞	1227〜1229
	寛喜	1229〜1232
	貞永	1232〜1233
	天福	1233〜1234
	文暦	1234〜1235
	嘉禎	1235〜1238
	暦仁	1238〜1239
	延応	1239〜1240
	仁治	1240〜1243
	寛元	1243〜1247
	宝治	1247〜1249
	建長	1249〜1256
	康元	1256〜1257
	正嘉	1257〜1259
	正元	1259〜1260
	文応	1260〜1261
	弘長	1261〜1264
	文永	1264〜1275
	建治	1275〜1278
	弘安	1278〜1288
	正応	1288〜1293
	永仁	1293〜1299
	正安	1299〜1302
	乾元	1302〜1303
	嘉元	1303〜1306
	徳治	1306〜1308
	延慶	1308〜1311
	応長	1311〜1312
	正和	1312〜1317
	文保	1317〜1319
	元応	1319〜1321
	元亨	1321〜1324
	正中	1324〜1326
鎌倉時代	嘉暦	1326〜1329

	〈北朝〉		〈南朝〉	
	元徳	1329〜1332	元徳	1329〜1331
	正慶	1332〜1334	元弘	1331〜1334
	建武	1334〜1338	建武	1334〜1336
	暦応	1338〜1342	延元	1336〜1340
	康永	1342〜1345	興国	1340〜1346
	貞和	1345〜1350	正平	1346〜1370
南北朝時代	観応	1350〜1352		
	文和	1352〜1356		
	延文	1356〜1361		
	康安	1361〜1362		
	貞治	1362〜1368	建徳	1370〜1372
	応安	1368〜1375	文中	1372〜1375
	永和	1375〜1379	天授	1375〜1381
	康暦	1379〜1381		
	永徳	1381〜1384	弘和	1381〜1384
	至徳	1384〜1387	元中	1384〜1392

時代	和暦	西暦
室町時代	嘉慶	1387〜1389
	康応	1389〜1390
	明徳	1390〜1394
	応永	1394〜1428
	正長	1428〜1429
	永享	1429〜1441
	嘉吉	1441〜1444
	文安	1444〜1449
	宝徳	1449〜1452
	享徳	1452〜1455
	康正	1455〜1457
	長禄	1457〜1460
	寛正	1460〜1466
	文正	1466〜1467
	応仁	1467〜1469
	文明	1469〜1487
	長享	1487〜1489
	延徳	1489〜1492
	明応	1492〜1501
戦国時代	文亀	1501〜1504
	永正	1504〜1521
	大永	1521〜1528
	享禄	1528〜1532
	天文	1532〜1555

第3章
近世・近代
一体化した世界と
激動の歴史を紡いだ人々

カトリーヌ・ド・メディシス

女帝

▶▶▶ 1519-1589

フランス王アンリ2世の妃。フランス王フランソワ2世、シャルル9世、アンリ3世の母后。1559年のアンリ2世の死後、息子のシャルル9世の摂政として実権を握る。新旧両教徒によるユグノー戦争が起こると、両教徒の協調の実現を目ざすが挫折、1572年に新教徒の虐殺を容認してサン・バルテルミの虐殺を引き起こした。フランス宮廷内にイタリア・ルネサンス文化を取り入れ、フランス料理を改革させた女性でもある。

関連事項 3

ヒュッレム・スルタン

女帝

▶▶▶ 1506-1558 関連事項 1

オスマン帝国スレイマン1世の皇后で、ロクセラーナの名でも知られる。ロシアの司祭の娘として生まれたとされ、タタール人にさらわれて奴隷として売られたのち、イスタンブールの奴隷市場からスルタンのハレムへ行き着いたといわれる。**スレイマン1世の寵愛を受け、奴隷の身分から解放されて皇后となり四男一女をもうけ、ハレムの権力者として君臨。**ハレムの生活改善にも取り組んだ。

《この時代の主な出来事》

日本史

1542年	**斎藤道三**が土岐氏を追放し美濃を奪う。
1543年	種子島に漂着したポルトガル人により鉄砲が伝来する。
1549年	**フランシスコ・ザビエル**により、キリスト教が伝来する。❶
	松平竹千代（徳川家康）が、今川氏の人質となる。
1553年	**上杉謙信・武田信玄**、川中島で戦う。（～1564年まで計5回戦う）❷
1555年	厳島の戦いで**毛利元就**が陶晴賢を破る。
1560年	桶狭間の戦いで、**織田信長**が今川義元を討ち取る。
1568年	**織田信長**が足利義昭を奉じて入京する。

世界史

1536年	**アン・ブーリン**が処刑され、**ヘンリー8世**がジェーン・シーモアと結婚する。
	オスマン帝国がフランスにカピチュレーションを与える。❶
1540年	**イエズス会**が新修道会として教皇の認可を受ける。❷
1541年	**ジャン・カルヴァン**がジュネーヴで神権政治を始める。
1543年	ポーランドの**コペルニクス**が地動説を発表する。
1550年	北京がアルタン・ハンに包囲される。（庚戌の変）
1554年	スペイン王子**フェリペ2世**がイングランド女王**メアリ1世**と結婚する。
1555年	アウグスブルクの宗教和議、**カール5世**がルター派を承認する。
1562年	フランスでユグノー戦争が始まる。❸
1564年	ムガル帝国の**アクバル**、人頭税を廃止する。
1567年	明で**張居正**が入閣。海禁政策を緩和する。
1568年	オランダ独立戦争が始まる。
	前スコットランド女王**メアリ・スチュアート**が、イングランドへ亡命する。

1521年、コンキスタドールのコルテスにより滅亡する。

アステカ帝国

ヌエバ・エスパーニャ副王領

大西洋

太平洋

ペルー副王領

1545年、ポトシ銀山が発見される。

ポトシ

ブラジル

大量の銀を産出し、スペインの大きな財源となったポトシ銀山。

→ ポルトガルの進出
→ スペインの進出

どんな時代？

甲斐の戦国大名・武田信玄は駿河の今川、相模の北条と三国同盟を結んだのち、信濃へと侵攻。北信濃を巡り1553年以降、上杉謙信と川中島で激闘を繰り広げた。

その頃アンリ2世妃カトリーヌ・ド・メディシスが実権を握るフランスでは、新旧キリスト教徒の対立からユグノー戦争が勃発した。

武田信玄 ▶▶▶ 1521-1573 関連事項 ❷ 英雄

領国である甲斐に加え、信濃、駿河と上野、美濃、三河、遠江の一部を領有した戦国大名。北信濃をめぐり越後の上杉謙信と対立。川中島にて5度にわたり合戦を繰り返した。1554年に善徳寺で武田信玄、北条氏康、今川義元の3者による同盟を結ぶが、1560年に今川義元が織田信長に討たれると今川領へ侵攻した。1572年に上洛を企図し、三方ヶ原の戦いで徳川家康を破るが翌年、甲府へ帰陣する途中で病没した。

- 1562年にユグノー戦争が勃発する。
- イングランド王国
- 神聖ローマ帝国
- ポーランド王国
- フランス王国
- スペイン王国
- ポルトガル王国
- ローマ
- イスタンブール
- 抗争
- オスマン帝国
- サファヴィー朝
- イスファハン
- ロシア帝国
- アルタン・ハンのもとで強大化。
- モンゴル（韃靼）
- 1550年、アルタン・ハンが北京を包囲する。
- 北京
- 明
- 日本
- 戦国時代中期、各地の小勢力が大勢力に吸収される形で、群雄割拠の時代となる。
- オスマン帝国の地中海進出に、スペインやイタリア諸国などキリスト教勢力が対抗。
  ・1538年 プレヴェザの海戦
  ・1571年 レパントの海戦 が起こる。
- ムガル帝国
- ゴア
- 1557年、ポルトガルが居住権を得る。
- 1557年〜大越国が南北に分裂する。
- マカオ
- 1549年、イエズス会のザビエルがキリスト教をもたらす。

イエズス会

1549年のザビエルによるキリスト教伝来の背景には、ローマ教会とスペインが中心となった反動宗教改革がある。
教皇至上権が確認され、新教派の弾圧が確認される一方で、海外伝道の実行が方針と定められるなか、1534年に設立されたのがイエズス会であった。
イエズス会はスペインの対外進出に伴って宣教師を世界各地へ派遣した。そのひとりがザビエルであった。

▲イエズス会の設立者 イグナティウス・ロヨラ。

フランシスコ・ザビエル ▶▶▶ 1506-1552 関連事項 ❶❷ 聖職者

日本にキリスト教を伝えた宣教師。スペイン人のイエズス会士。マラッカで薩摩国出身のヤジロウと出会い日本へ向かう。1549年に鹿児島に上陸し、京都や山口などで布教活動を行なった。その後、中国へと向かうが上陸目前にして病没する。

16世紀 中期（1536年〜1570年）

武田信玄が上杉謙信と激闘を繰り広げていた頃、カトリーヌ・ド・メディシスが実権を握るフランスでユグノー戦争が始まった

第3章 近世・近代 ──一体化した世界と激動の歴史を紡いだ人々

世界史を変えた戦い
1588年　アルマダの海戦

1587年、エリザベス1世がカトリック教徒のスコットランド女王メアリ・ステュアートを処刑すると、これを機にスペインのフェリペ2世が無敵艦隊を派遣。約2万の兵員を乗せてイングランド上陸を目指した。
イングランド側は海賊ドレイクを実戦指揮に据えた艦隊を派遣し、7月21日、プリマス沖で交戦。さらに28日、カレーの港に停泊していた無敵艦隊に火船攻撃を仕掛けて大打撃を与えた。シドニア公に率いられる無敵艦隊は、ブリテン島北端を回ってスペインへ帰ろうとするも、途中で再び大損害を受け、ほぼ壊滅状態となって帰国した。

エリザベス1世
▶▶▶ 1533-1603（在位：1558～1603）　女帝

イングランド、テューダー朝の女王。母アン・ブーリンの処刑により嫡出子とされたが、のちに王位継承権を認められ、1558年に異母姉メアリ1世が没したことで国王となる。宗教改革の完成、スペインの無敵艦隊への勝利などを成し遂げ、**イギリス黄金時代の礎を築いた**。生涯独身を貫いたため、処女王と呼ばれる。
関連事項 ③

- イングランド王国　ロンドン
- 1581年、スペインからの独立を宣言する。
- アムステルダム　オランダ
- 襲撃！
- 支援
- フランス王国　パリ
- 神聖ローマ帝国
- ポーランド王国
- ロシア帝国
- 1585年3月23日　天正遣欧少年使節一行、ローマ教皇グレゴリウス13世に謁見！
- ローマ　黒海　イスタンブール
- スペイン王国　ポルトガル王国
- 南アメリカからの財宝を載せた船がスペイン本国との間を往来する。
- 1571年、ヴェネツィア、スペインなどのキリスト教連合軍が、オスマン帝国軍を破る。
- オスマン帝国　抗争　サファヴィー朝　カスピ海
- チベット
- イスファハン
- アラビア半島　メッカ
- 南下を続けてデカン高原への進出を企図する。
- ムガル帝国
- ゴア

アッバース1世により築かれたイスファハン。サファヴィー朝の黄金期を象徴する壮麗なモスクや王宮が建ち並ぶ。

フェリペ2世
▶▶▶ 1527-1598（在位：1556～1598）　名君
関連事項 ① ③

スペイン国王。ポルトガル国王。神聖ローマ皇帝カール5世とポルトガル王女イサベルの子として生まれ、1556年にスペイン王位を得て以降、ナポリ、ミラノ、ネーデルラント、アメリカ、フィリピン植民地、ポルトガルなど広大な領土を得る。熱心なカトリック信者であり、レパントの海戦ではオスマン帝国に勝利してキリスト教の救世主と呼ばれたが、**英仏と激しく対立**。晩年にはネーデルラントの独立やアルマダの海戦での大敗と失策が続き、スペインの栄光に影を落とした。

大西洋　インド洋

どんな時代？

16世紀後期の日本は、織田信長により戦国時代が収束に向かった時代である。桶狭間の戦いで頭角を現わした尾張の織田信長が、天下統一に挑んで東国から中国地方までを掌握した。しかし、1582年6月、本能寺の変に倒れ、その野望は夢と消えた。
その頃、イングランドのエリザベス女王は、スペインのフェリペ2世とアルマダの海戦で激突。スペインの無敵艦隊を壊滅させ、海洋国家としての第一歩を踏み出していた。

16世紀後期（1571年～1600年）
織田信長が本能寺の変に倒れた頃、フェリペ2世自慢の無敵艦隊がイングランドに大敗！

イヴァン4世 　雷帝
▶▶▶ 1530-1584
（在位：1533〜1584）

3歳でモスクワ大公となりし、1547年に自らツァーリを称して皇帝となった。反対勢力を次々と粛清する恐怖政治を行なったため、**雷帝**と恐れられた。モンゴル諸国を制圧し、バルト海制覇のためにリヴォニア戦争も行なうが、失敗する。激しい気性の持ち主で息子殺しの逸話が有名。　関連事項 ❷

織田信長 　英雄
▶▶▶ 1534-1582

戦国、安土桃山時代の尾張の戦国大名。尾張統一後、桶狭間の戦いで今川義元を討ち、美濃の斎藤氏を滅ぼすと、1568年に足利義昭を擁して上洛した。その後、足利義昭と対立を深め、1573年に京都から追放して室町幕府を滅ぼす。近江に安土城を築き天下統一を目指すが、1582年6月、明智光秀の謀反に遭い本能寺で自害した。　関連事項 ❶❷❸

モンゴル（韃靼）

ヌルハチが登場。1588年、建州五部を統一するまで続く。

女真

1592〜1598年に起こった文禄・慶長の役で李氏朝鮮への救援軍を派遣。日本との間に戦端が開かれる。

北京　李氏朝鮮　日本　安土　大坂

明

織田信長が登場し、1573年には室町幕府を滅ぼしたが、1582年、家臣の謀反に倒れた。跡を継いだ有力武将の豊臣秀吉は、1592年までに天下を手中に収める一方、明征服を企図して、大軍を朝鮮半島へ侵攻させた。

マカオ
黎朝大越国
広南朝
アユタヤ朝
1582〜1590 天正遣欧少年使節
フィリピン
太平洋
マラッカ

アッバース1世 　名君
▶▶▶ 1571-1629
（在位：1587〜1629）　関連事項 ❹

サファヴィー朝の全盛期を築いた王。政権を牛耳る軍人貴族を抑え、奴隷出身者を積極的に登用して近衛軍を編制し、さらに火器の充実を図って軍隊の近代化を進めた。この軍隊を率いて隣国オスマン帝国からアゼルバイジャンを回復。またイングランド王国と結んでポルトガルからホルムズ島を奪還するなど、ヨーロッパ諸国と対等にわたりあった。1598年にはイスファハンへ遷都して壮麗な首都を築き上げた。

□ サファヴィー朝の最大版図　● 天正遣欧少年使節の経路

《この時代の主な出来事》

日本史
1573年	**織田信長**が足利義昭を追放し、室町幕府が滅亡する。❶
1575年	長篠の戦いで**織田信長**が武田勝頼を破る。❷
1582年	本能寺の変で**信長**が自害する。❸
1583年	羽柴秀吉が大坂城に入る。
1586年	**秀吉**が太政大臣に就任。豊臣姓を賜る。
1590年	豊臣秀吉の小田原攻めで、7月、北条氏が滅亡する。
1592年	**豊臣秀吉**が奥州を平定し全国を統一する。
	文禄の役、朝鮮へ出兵する。
1597年	慶長の役、朝鮮へ出兵する。
1598年	**秀吉**が没す。
1600年	関ヶ原の戦いで、徳川家康率いる東軍が石田三成率いる西軍を破る。

世界史
1571年	レパントの海戦、スペイン・ローマ教皇・ヴェネツィア連合軍がオスマン帝国軍を破る。❶
1572年	フランスでサン・バルテルミの虐殺が起こる。
1577年	**イヴァン4世**、シベリア征服事業を始める。❷
1581年	オランダがスペインから独立を宣言する。
	コサック首長**イェルマーク**がシベリアに進出する。
1583年	女真族ヌルハチが中国東北地方で自立する。
1585年	イギリスが北アメリカのヴァージニアに植民を開始する。
1587年	イギリスで**メアリ・ステュアート**が処刑される。
1588年	スペインの無敵艦隊がイギリス艦隊に大敗する。（アルマダの海戦）❸
1598年	フランスで、ユグノー戦争が終結する。
	アンリ4世がナントの勅令で新教徒に信仰の自由を保証する。
	アッバース1世、イスファハンへ遷都する。❹
1600年	イギリス、東インド会社を設立する。

第3章　近世・近代 —— 一体化した世界と激動の歴史を紡いだ人々

ヌルハチ 英雄
▶▶▶ 1559-1626（在位：1616〜1626）

清朝の初代皇帝。姓は愛新覚羅。女真族の首長の家に生まれ建州女真を統一。1616年に後金を打ち立てた。明が抑圧策に出ると「七大恨」を宣言して侵攻を開始し、1619年にサルフの戦いにて明軍を破り、遼東地方へ進出した。八旗の制度を定めて軍事制度を整える一方、満洲文字の制定などにより清朝発展の礎を築いた。
関連事項 ❷

徳川家康 英雄
▶▶▶ 1542-1616

江戸幕府初代将軍。幼少期を今川義元の人質として暮らし、義元の没後に自立。織田信長と清須同盟を結んで武田と抗争を繰り広げた。信長の死後は豊臣秀吉に協力し、秀吉の死後、五大老の筆頭となる。1600年の関ヶ原の戦いで石田三成を破ると、1603年に征夷大将軍に叙任され江戸幕府を開いた。1615年の大坂夏の陣で豊臣氏を滅ぼし、天下に安寧をもたらした。
関連事項 ❶❷❸❹

ジュンガル　ハルハ　後金
チベット　サルフ　北京
明　李氏朝鮮　日本　江戸　長崎
太平洋
琉球
黎朝大越国
アユタヤ朝
広南朝　フィリピン
アンボン島

明の弾圧策に対してヌルハチが反発。

1603年、江戸幕府が成立。キリスト教布教とセットになった南蛮貿易を縮小し、布教を行なわないイギリス、オランダとの貿易にシフト。

1609年、薩摩の島津氏が侵攻し、服属させる。

1623年 アンボイナ事件
オランダがイギリス商館員を虐殺しモルッカ諸島よりイギリスを駆逐。香辛料諸島の貿易を独占する。
▼
対日貿易もオランダが独占する。

《この時代の主な出来事》

日本史

1603年	**徳川家康**、征夷大将軍に就任。江戸幕府を開く。❶
	出雲阿国が、女歌舞伎を創始する。
1609年	薩摩藩が琉球王国に侵攻。琉球王国は日明両属となる。
1612年	禁教令、キリシタン信仰を禁止。
1614年	大坂冬の陣が起こる。❷
1615年	大坂夏の陣が起こり、豊臣家が滅亡する。❸
	武家諸法度を制定し、大名を統制する。
	禁中並公家諸法度を制定し、朝廷統制の基準を示す。
1616年	ヨーロッパ船の寄港地を平戸と長崎に限定する。
	徳川家康没す。❹
1631年	駿府の**徳川忠長**が乱行をはたらき幽閉、翌年改易される。
1633年	奉書船以外の海外渡航を禁止する。
1635年	日本人の海外渡航・帰国を全面禁止する。

世界史

1601年	この頃、**シェークスピア**が『ハムレット』を執筆する。
1602年	オランダ、東インド会社を設立する。
1604年	フランス、東インド会社を設立する。カナダ植民を開始する。
1610年	フランスの**アンリ4世**が暗殺される。❶
1613年	**ミハイル・ロマノフ**が帝位に就き、ロマノフ朝が始まる。
1616年	**ヌルハチ**が後金を建国する。❷
1618年	神聖ローマ帝国で三十年戦争が勃発する。❸
1620年	ピルグリム・ファーザーズが北アメリカ大陸プリマスに上陸する。
1626年	オランダがマンハッタン島を購入する。
1632年	リュッツェンの戦いで**グスタフ・アドルフ**が戦死する。❹
1633年	**ガリレオ・ガリレイ**がローマ教皇庁から異端の有罪判決を受ける。
1635年	フランスが三十年戦争に介入する。

どんな時代？

1615年、応仁・文明の乱以来、戦乱の続いていた日本において徳川家康が大坂夏の陣で豊臣家を滅ぼし、戦国の世に終止符を打った。

その頃、中国北部では女真族のヌルハチが後金を建国し、明への侵攻を開始。ヨーロッパでは三十年戦争が勃発して、スウェーデン王グスタフ・アドルフがヴァレンシュタインと激闘を繰り広げるなど、世界は激動の時代に突入していた！

第3章　近世・近代――一体化した世界と激動の歴史を紡いだ人々

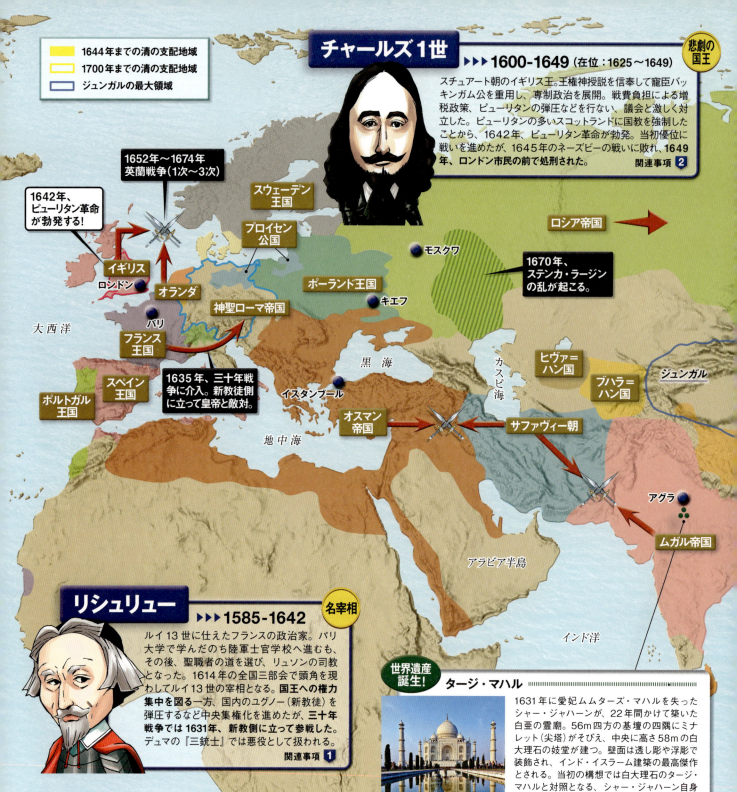

シャー・ジャハーン 名君

▶▶▶ 1592-1666（在位：1628〜1658）

ムガル皇帝。父帝の死後、継承戦争を経て1628年に即位した。**サファヴィー朝と抗争を繰り広げる一方、デカン高原に進出**。内政では文化の発展に寄与するとともに、灌漑事業を推進して国を富ませた。しかし、1631年に愛妃ムムターズを失うと政治への情熱を失い、第3子のアウラングゼーブによってアグラ城内に幽閉された。

関連事項 ③

徳川家光 名君

▶▶▶ 1604-1651

江戸幕府第3代将軍。徳川秀忠の嫡男で、弟の忠長と後継争いを繰り広げたといわれる。将軍就任後は1635年に武家諸法度の改訂による**参勤交代の義務化を行なうなど武家統制を強め**、徳川幕府の基礎を確立した。また、1637年に始まる島原の乱を鎮圧すると、キリシタン弾圧と貿易統制のために1641年に長崎の出島にオランダ商館を移して鎖国体制を完成させた。

関連事項 ① ②

1639年、ロシアの東進が太平洋に到達。オホーツク市が建てられる。

1636年、後金の侵攻を受けて服属する。

1644年、李自成の反乱により滅亡する。

オホーツク／清／北京／李氏朝鮮／江戸／チベット／明／成都／黎朝大越国／トゥングー朝／シャム／広南朝／フィリピン／マニラ／太平洋

南北抗争時代に広南朝の首都とされたフエの王宮。

どんな時代？

徳川家光をいただく江戸幕府は島原の乱以降、ポルトガル船の来航を禁止し、オランダ商館を出島に移すなど、1641年までに鎖国体制を完成させた。

その頃、全盛期を迎えていたムガル帝国でタージマハルが完成する。

日本とインドが安定の時代を迎える一方、動乱が続くヨーロッパではイギリスのチャールズ1世が1642年に勃発したピューリタン革命で処刑され、フランスのリシュリューが三十年戦争に介入していた。

《この時代の主な出来事》

日本史

- 1636年 — 日光東照宮の陽明門などが完成する。
- 1637年 — 島原の乱が起こる。
- 1639年 — ポルトガル船の来航を禁止する。①
- 1641年 — オランダ商館を出島に移し、鎖国体制が完成する。②
- 1643年 — **春日局**が亡くなる。
- 1649年 — 幕府、慶安の御触書を出し、農民の生活を統制する。
- 1651年 — 兵学者**由比正雪**による幕府転覆未遂事件が起こる。（由比正雪の乱）
- 1654年 — 改流工事により、利根川が太平洋に注ぐようになる。
- 1657年 — 明暦の大火により、江戸市中の5割以上を焼失する。（振袖火事）
- — **徳川光圀**、『大日本史』の編纂を始める。
- 1661年 — 越前国福井藩、銀札を発行する。
- 1666年 — **酒井忠清**が大老に就任する。
- 1669年 — **シャクシャイン**率いるアイヌが松前藩支配に対し、蜂起する。

世界史

- 1636年 — 後金の**太宗ホンタイジ**が国号を清と改める。
- 1642年 — イギリスでピューリタン革命が起こる。
- — フランスで**リシュリュー**が死去する。①
- 1644年 — **李自成**が北京を陥落させ、明が滅亡する。
- 1648年 — ウェストファリア条約が締結され、三十年戦争が終結。ネーデルラント（オランダ）・スイスの独立が承認される。
- 1649年 — イギリスで**チャールズ1世**が処刑され、**クロムウェル**の独裁始まる。②
- 1651年 — **ホッブズ**が政治思想書『リヴァイアサン』を出版する。
- 1653年 — ムガル帝国でタージ・マハルが完成する。③
- 1660年 — イギリスで王政復古。**チャールズ2世**が即位する。
- 1661年 — フランスで**ルイ14世**の親政が始まる。
- 1670年 — ロシアで**ステンカ・ラージンの乱**が起こる。

第3章　近世・近代 —— 一体化した世界と激動の歴史を紡いだ人々

17世紀後期 (1671年〜1700年)

渋川春海が貞享暦を開発した頃、フランスでは太陽王ルイ14世がヴェルサイユ宮殿の大改修に着手!

《この時代の主な出来事》

日本史

1673年	三井高利が越後屋呉服店を開く。
1675年	代官の伊奈忠易が小笠原諸島を探検する。
1680年	徳川綱吉が5代将軍に就任する。
1682年	井原西鶴の『好色一代男』が刊行される。
1684年	幕府、貞享暦への改暦を宣下し、翌年施行される。❶
	大老堀田正俊が江戸城内で刺殺される。
1685年	徳川綱吉、最初の「生類憐みの令」を出す。
1688年	柳沢吉保が側用人に就任する。
1689年	松尾芭蕉が『奥の細道』の旅に出る。
1691年	湯島聖堂が完成する。
1695年	勘定奉行・荻原重秀、元禄小判を発行する。

世界史

1671年	ヘンリー・モーガンに率いられた海賊がパナマを襲撃する。❶
1673年	清で三藩の乱が起こる。
1682年	ロシアで、ピョートル1世が帝位につく。
	ルイ14世がヴェルサイユ宮殿の造営事業を開始する。❷
1683年	清が台湾を占領する。
	オスマン帝国による第2次ウィーン包囲が行なわれる。
1687年	ニュートンが万有引力の法則などをまとめ発表する。
1688年	イギリスで名誉革命が起こる。
1689年	イギリス、権利章典を発布する。
	ネルチンスク条約が締結される。
1699年	カルロヴィッツ条約が締結され、オスマン帝国がハンガリーを喪失する。
1700年	ロシアとスウェーデン間の北方戦争が起こる。

スペインの財宝が集積されたハバナ。旧市街には町を守る要塞跡が残る。

- 仏領北米植民地
- 英領北米植民地
- 大西洋
- ジャマイカを中心にカリブの海賊が活動!
- ヌエバエスパーニャ副王領
- ハバナ
- ジャマイカ
- 太平洋
- ポルトベロ
- マラカイボ
- カルタヘナ
- ペルー副王領

凡例:
- 1700年までの清の支配地域
- ジュンガルの最大領域

ヘンリー・モーガン ▶▶▶ 1635-1688 【海賊】

カリブ海のスペイン植民地で掠奪を行なった17世紀の海賊。ウェールズで生まれて新大陸に渡ったのち、イギリスのジャマイカ総督と組み、1668年のポルトベロの襲撃や1671年のパナマ襲撃などで名をあげ、チャールズ2世より「騎士」の称号を賜った。関連事項❶

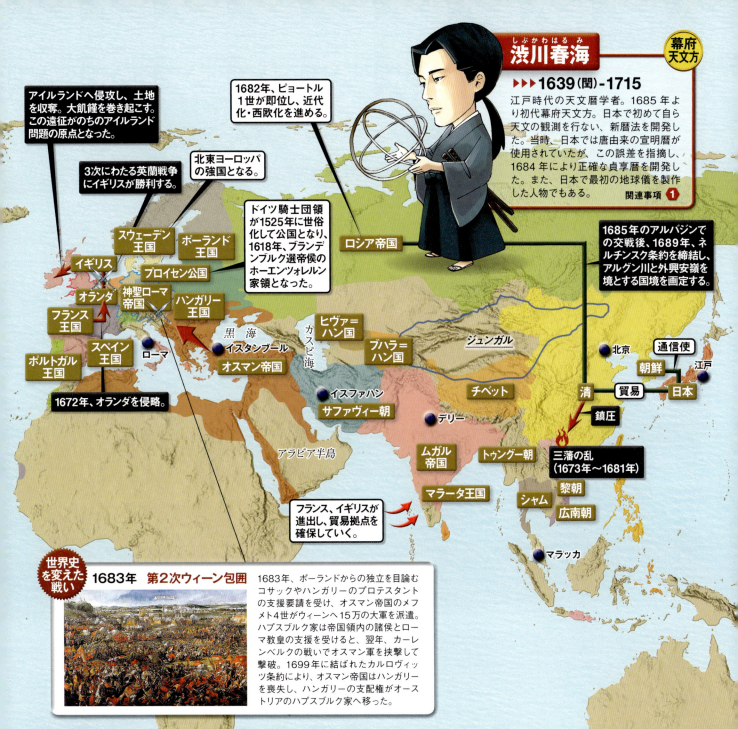

渋川春海 【幕府天文方】

▶▶▶ 1639(閏)-1715

江戸時代の天文暦学者。1685年より初代幕府天文方。日本で初めて自ら天文の観測を行ない、新暦法を開発した。当時、日本では唐由来の宣明暦が使用されていたが、この誤差を指摘し、1684年により正確な貞享暦を開発した。また、日本で最初の地球儀を製作した人物でもある。 関連事項 ❶

- アイルランドへ侵攻し、土地を収奪。大飢饉を巻き起こす。この遠征がのちのアイルランド問題の原点となった。
- 3次にわたる英蘭戦争にイギリスが勝利する。
- 1682年、ピョートル1世が即位し、近代化・西欧化を進める。
- 北東ヨーロッパの強国となる。
- ドイツ騎士団領が1525年に世俗化して公国となり、1618年、ブランデンブルク選帝侯のホーエンツォレルン家領となった。
- 1685年のアルバジンでの交戦後、1689年、ネルチンスク条約を締結し、アルグン川と外興安嶺を境とする国境を画定する。
- 1672年、オランダを侵略。
- フランス、イギリスが進出し、貿易拠点を確保していく。

世界史を変えた戦い
1683年 第2次ウィーン包囲

1683年、ポーランドからの独立を目論むコサックやハンガリーのプロテスタントの支援要請を受け、オスマン帝国のメフメト4世がウィーンへ15万の大軍を派遣。ハプスブルク家は帝国領内の諸侯とローマ教皇の支援を受けると、翌年、カーレンベルクの戦いでオスマン軍を挟撃して撃破。1699年に結ばれたカルロヴィッツ条約により、オスマン帝国はハンガリーを喪失し、ハンガリーの支配権がオーストリアのハプスブルク家へ移った。

ルイ14世 【太陽王】

▶▶▶ 1638-1715（在位：1643～1715）

フランス絶対王政の全盛期の国王であり、太陽王と呼ばれた。「朕は国家である」という言葉が有名であり、宰相制の廃止、最高国務会議の権限強化、重商主義政策の推進などを行なった。ネーデルラント継承戦争、オランダ侵略戦争、ファルツ継承戦争、スペイン継承戦争といった侵略戦争を強行し、領土を拡大したが、一方で結果的に国力の疲弊と財政難を招く要因となった。 関連事項 ❷

どんな時代？

17世紀初頭、太平の世を謳歌する日本では平安時代以来の暦のズレが正され、1684年、渋川春海による貞享暦が採用された。

新暦作成のために渋川が見上げた空のはるか西方、フランスでは太陽王ルイ14世が君臨。1682年より、ヴェルサイユ宮殿を比類なき豪華な宮殿にするための改修に着手した。

第3章 近世・近代――一体化した世界と激動の歴史を紡いだ人々

ジョージ1世

王朝創始者

▶▶▶ 1660-1727
（在位：1714〜1727）

イギリス、ハノーヴァー朝初代国王。母がイギリス国王ジェームズ1世の孫娘であり、アン女王の死没によってテューダー朝が途絶えるとイギリス王位を継承。ハノーヴァー朝を開いた。英語を解さなかったため国政をウォルポール内閣に一任し、「国王は君臨すれど統治せず」と言われる責任内閣制の元を築いた。 関連事項 3

1700年〜1721年
バルト海の支配権をめぐり、北方戦争を展開。

ピョートル大帝によって建設されたサンクト・ペテルブルクの海軍省。海軍の強化は大帝の悲願であった。

1701年〜1713年
スペイン継承戦争
（植民地ではアン女王戦争）

スウェーデン王国

1701年、王国となる。

ポーランド王国

プロイセン王国

サンクト・ペテルブルク
1713年に遷都。ネヴァ川の河口に建てられた新首都がヨーロッパへの窓となる。

ロシア帝国

イギリス

オランダ王国

ハプスブルク帝国

1715年、ハノーヴァー朝が成立する。

スイス

ウィーン

フランス王国

サルデーニャ王国

ローマ

黒海

イスタンブール

カスピ海

3ハン国
[ヒヴァ ブハラ コーカンド]

ポルトガル王国

スペイン王国

ハプスブルク朝の断絶に際し、王位継承権を主張。

大西洋

地中海

オスマン帝国

サファヴィー朝

デリー

1722年、アフガン族によりイスファハンが陥落。1736年、アッバース3世が廃され滅亡。

ムガル帝国

インド洋

アウラングゼーブの死去後、反乱が続発。帝国は崩壊へ向かう。

フリードリヒ・ヴィルヘルム1世

名君・軍人王

▶▶▶ 1688-1740（在位：1713〜1740）

プロイセン王国第2代目の王。常備軍の強化に努めて徴兵制を敷き、20万人規模の軍隊を編成して「軍人王」と呼ばれた。子弟を幼年学校へ送って将校へと養成し、高身長の男児をヨーロッパ中から集めて巨人連隊と呼ばれる近衛連隊を編成した。産業奨励にも努めたが、文芸には興味を示さなかった。 関連事項 2

どんな時代？

大老・堀田正俊の死後、政治を主導した江戸幕府第5代将軍・徳川綱吉は、1685年以降、「生類憐みの令」を発布。江戸市中に大混乱を巻き起こした。綱吉の治世には赤穂浪士の討ち入りや、富士山の噴火などが起こった。

一方ロシアでは、1694年よりピョートル大帝が親政を開始して西欧化・近代化を進め、プロイセンが王国へと昇格し、フリードリヒ・ヴィルヘルム1世のもとで軍事大国化するなど新しい勢力が台頭を始めていた。

■ 1700年までの清の支配地域
□ ジュンガルの最大領域

18世紀前期（1701年〜1735年）

徳川綱吉の「生類憐みの令」が混乱を巻き起こした頃、ピョートル大帝がペテルブルクを建設！

ピョートル1世 【名君】

▶▶▶ 1672-1725（在位：1682〜1725）

ロマノフ朝の絶対王政を確立したロシア皇帝。ロシアの遅れを痛感し、1697年から自ら西欧視察を行ない、**西欧化・近代化**を推し進めた。1700年よりカール12世のスウェーデンと北方戦争を展開する一方、新首都サンクト・ペテルブルクを建設。海軍力の強化にも注力した。進出を続ける東方では1689年に、清とネルチンスク条約を結んで国境を定めた。こうした功績から「大帝」の名で呼ばれるが、晩年は皇太子との確執に悩まされた。

関連事項 １ ４

徳川綱吉（とくがわつなよし）【犬公方】

▶▶▶ 1646-1709

江戸幕府第5代将軍。治世初期は堀田正俊を起用して文治政治を推進したが、1684年の堀田刺殺後は牧野成貞、側用人の柳沢吉保を重用。1685年以降、**世継ぎ誕生を願って生類憐みの令**を発し、「犬公方」と呼ばれる。経済対策として行なった貨幣改鋳は経済を混乱、悪化させた。

関連事項 １

- ジュンガル
- チベット
- 清
- 北京
- 李氏朝鮮
- 通信使
- 長崎 — 貿易
- 日本 — 江戸
- 元禄文化が開花する。
- 康熙帝・雍正帝・乾隆帝と優れた皇帝を輩出。全盛期を迎える。
- 黎朝
- シャム
- 広南朝
- 阮氏政権
- 太平洋

世界遺産誕生！ 故宮

清朝の政治の中心。紫禁城とも呼ばれる。1644年の太宗ホンタイジの北京入城後、明代の紫禁城をほぼそのまま受け継いだ。内廷の乾清宮では皇帝が政務をとり、儀礼や謁見の舞台となった。また、清朝では皇帝が生前に後継者を指名せず、意図する後継者の名を錦の箱に納めて、乾清宮正面の額の裏に置き、皇帝の没後明らかにする「太子密建」が行なわれた。

《この時代の主な出来事》

日本史

1702年	大石内蔵助ら赤穂浪士が吉良上野介を討つ。
1707年	富士山が噴火する。
1709年	徳川綱吉が没し、徳川家宣が第6代将軍に就任。「生類憐みの令」が廃止される。１
	朱子学者の新井白石が幕閣に登用される。
1716年	紀州藩主の徳川吉宗が第8代将軍となり、享保の改革が始まる。
1717年	大岡忠相が江戸町奉行に登用される。
1721年	目安箱が設置される。
1722年	小石川薬園（現・小石川植物園）が開かれる。
1732年	享保の大飢饉が発生する。
1735年	青木昆陽がサツマイモの性質・栽培法などを記した『蕃薯考』を著わす。

世界史

1701年	スペイン継承戦争が起こる。
1702年	アメリカで、アン女王戦争が起こる。（英仏植民地戦争）
1703年	サンクト・ペテルブルクの建設開始。１
1705年	イギリスで実用的蒸気機関が発明される。
1713年	ユトレヒト条約でスペイン継承戦争・アン女王戦争が終結する。
	フリードリヒ・ヴィルヘルム1世がプロイセン王となる。２
1715年	ドイツのハノーヴァー選帝侯ゲオルクがジョージ1世としてイギリス国王となる。３
1721年	ニスタット条約で北方戦争が終結する。４
1723年	J.S. バッハ、ライプツィヒの教会の音楽監督に就任する。
1727年	清とロシア、キャフタ条約でモンゴル方面の国境を画定する。
1732年	北アメリカ、13州植民地が形成される。
1735年	清で乾隆帝が即位する。

第3章　近世・近代——一体化した世界と激動の歴史を紡いだ人々

《この時代の主な出来事》

日本史

1742年	大岡忠相らが公事方御定書を編纂し、裁判の基準とする。❶
1748年	『仮名手本忠臣蔵』が初演される。
1751年	徳川吉宗、大岡忠相が没する。❷
1753年	薩摩藩に木曽・長良・揖斐川の分流工事が命じられる。
1764年	俵物の生産を奨励する。
1767年	田沼意次が側用人に就任する。
1768年	上田秋成が『雨月物語』を著わす。

世界史

1736年	サファヴィー朝が滅亡し、アフシャール朝が起こる。
1740年	オーストリア継承戦争が起こる。
1748年	アーヘンの和約で、オーストリア継承戦争の講和が成立する。❶
1755年	北米植民地でフレンチ・インディアン戦争が起こる。（～1763年）
	清がジュンガル部を平定する。❷
1756年	オーストリアのマリア・テレジアが失地回復を企図し、七年戦争が起こる。❸
1757年	プラッシーの戦い。インドで英仏が衝突する。
1759年	大英博物館ができる。
	露土戦争が始まる。
1762年	エカチェリーナ2世がロシア皇帝に即位する。
1765年	イギリス、印紙法で植民地に増税を行なう。

フリードリヒ2世　名将

▶▶▶ 1712-1786（在位：1740～1786）

プロイセン王。神聖ローマ皇帝カール6世が没すると、マリア・テレジアのオーストリア継承に異議を唱え、オーストリア継承戦争を起こす。結果、シュレジエンを獲得したが、1756年の七年戦争では、同地の奪還を試みるオーストリアと、ロシア、フランスの包囲を受け窮地に陥った。しかし、持ち前の戦略により持ちこたえ、**シュレジエンの確保に成功した**。幼い頃からフランス文化に傾倒しており、サン・スーシー宮殿の造営など文化面、芸術面でも業績を残した。

関連事項 ❶ ❸

1755年～1763年
フレンチ・インディアン戦争
フランス植民地戦争の戦費を賄うため、植民地に重税を課したことで不満が高まる。

英領北米植民地／大西洋／ヌエバエスパーニャ副王領／ヌエバグラナダ副王領／太平洋／ペルー副王領／ブラジル

ゲリラ戦を仕掛けるインディアン。フレンチ・インディアン戦争では、北米先住民の部族が英仏双方に分かれて交戦した。

18世紀中期（1736年～1770年）

徳川吉宗が享保の改革を進めていた頃、**フリードリヒ2世**がオーストリア継承戦争を起こした

オーストリア継承戦争でシュレジエンを獲得したプロイセンに対し、オーストリアのマリア・テレジアを中心にフランス、ロシアが結託。七年戦争が勃発する。

乾隆帝（けんりゅうてい）

関連事項 **2**

名君

▶▶▶ 1711-1799 （在位：1735～1795）

中国、清朝第6代皇帝。西欧諸国との貿易による好景気を背景に、計10回の出兵を行ない、チベット、ジュンガルなどを征服、**清の領域を漢・唐時代の数倍にも拡大させた**。また、学問を重んじて『明史』『四庫全書』などの編纂をさせる一方、文字の獄と呼ばれる思想弾圧も行なった。

18世紀前半、文化的に西欧趣味が流行。18世紀後半、スルタン＝カリフ制を採用する。

ムガル帝国の弱体化を突いてイギリスがインドの植民地化を進める。

1757年、プラッシーの戦いでイギリスがフランスと在地領主を破りベンガル地方を植民地化。

ポンパドゥール侯爵夫人（こうしゃくふじん）

公式の寵姫

関連事項 **3**

▶▶▶ 1721-1764

フランス国王ルイ15世の寵愛を受けた公式の寵姫。1744年、ルイ15世の目に止まり宮廷に入ると、国王の治世を支える一方で、芸術家のパトロンとなり、『百科全書』の刊行やセーブル陶器の発展に寄与した。また、外交にも関わり、七年戦争においてフランスがオーストリアのマリア・テレジア、ロシアのエリザヴェータとともにプロイセン包囲網の一角を成したのも彼女の影響が大きい。

どんな時代？

徳川吉宗が幕府財政の立て直しを図って享保の改革を進めていた頃、プロイセンのフリードリヒ2世とオーストリアのマリア・テレジアが激しく対立。オーストリア継承戦争と七年戦争がヨーロッパを戦乱の渦に巻き込んでいた。またフランスでは、ルイ15世の寵愛を受けるポンパドゥール侯爵夫人が外交に関わり、七年戦争においてオーストリア、ロシアと共にフリードリヒ2世を締め上げていた！

徳川吉宗（とくがわよしむね）

江戸幕府中興の祖

▶▶▶ 1684-1751

江戸幕府第8代将軍。1716年、紀州藩主から将軍となり、幕府政治の建て直しを図って享保の改革を行なう。大奥の引き締めなど緊縮財政を展開し、目安箱を設置して庶民の不満を解消する一方、諸大名に参勤交代による負担軽減の代わりに、米を上納させる上米制度を定め、新田開発を奨励して米価の安定を図った。また、裁判の公正化を図った『公事方御定書』などを編纂させた。 関連事項 **1 2**

第3章 近世・近代――一体化した世界と激動の歴史を紡いだ人々

どんな時代?

　1767年に側用人となり、徳川家治のもとで幕政を主導して、米を経済の中心に据えた重農主義から重商主義経済への転換を図った田沼意次であったが、1786年に失脚し、2年後、失意のうちに没した。

　その頃アメリカでは、1775年に勃発した独立戦争でワシントンが活躍。イギリスの弱体化を望むフランスなどの支援を受け、独立を達成した。しかし多額の援助を行なったフランスでは、一気に財政難が悪化。ついに1789年、フランス革命が起こり、王政が倒される。王妃マリー・アントワネットは国民の憎悪を一身に受け、1793年、断頭台に消えた。

マリー・アントワネット 悲劇の王妃
▶▶▶ 1755-1793　関連事項 4 5

フランス王ルイ16世妃。オーストリア大公マリア＝テレジアの末娘。軽率な行動と浪費癖から「赤字夫人」と呼ばれ、国民の反感を買った。フランス革命勃発後、愛人であったスウェーデン貴族フェルゼンの手引きにより国王一家の国外逃亡を図ったヴァレンヌ事件を起こすが失敗。1792年8月10日にタンプル塔に幽閉され、翌年の10月に断頭台で処刑された。

太平洋

1775年、アメリカ独立戦争が勃発!
1783年、パリ条約にて独立が承認される。

北米英領植民地
アメリカ合衆国

支援
1793年、処刑。

大西洋

ジョージ・ワシントン 軍事指揮官・英雄
▶▶▶ 1732-1799　関連事項 2

アメリカ合衆国初代大統領。ヴァージニア植民地の農場主の子として生まれ、アメリカ独立戦争時には植民地軍総司令官として軍を統率し、アメリカ合衆国の独立に貢献した。1787年には憲法制定会議の議長となり、1789年にアメリカ合衆国初代大統領として選出される。

《この時代の主な出来事》

日本史

1771年	御蔭参りが流行し、200万人が伊勢神宮を参拝する。
1772年	**田沼意次**が、老中に就任する。1
1774年	前野良沢・杉田玄白らの『解体新書』が刊行される。
1776年	**平賀源内**がエレキテルを復元。
1782年	印旛沼・手賀沼の干拓が行なわれる。2
	天明の大飢饉が始まる。
1783年	浅間山が噴火する。
1787年	**松平定信**が老中首座に就任し、寛政の改革が始まる。
	『古事記伝』の最初の5巻が刊行される。
1792年	**大黒屋光太夫**とともにロシアの**ラクスマン**が根室に来航、通商を要求する。
1797年	ロシア人が択捉島に上陸する。
1798年	幕臣**近藤重蔵**が択捉島を探査する。
1800年	**伊能忠敬**が蝦夷地を測量する。

世界史

1772年	ロシア・プロイセン・オーストリア、第1次ポーランド分割を行なう。1
1773年	ロシアでプガチョフ率いる農民反乱が起こる。
1775年	アメリカ独立戦争が始まる。2
1780年	ロシアの**エカチェリーナ2世**提唱による、対英武装中立同盟が成立する。3
1783年	パリ条約で、イギリスがアメリカの独立を承認する。
1789年	フランス革命が勃発する。4
1792年	フランスで共和制が宣言される。
1793年	1月に**ルイ16世**が、10月に**マリー・アントワネット**が処刑される。5
	フランスで**ロベスピエール**による恐怖政治が始まる。6
	イギリス首相ピットの提唱で、第1回対仏大同盟が結成される。
1794年	7月、テルミドール9日のクーデター。総裁政府が成立する。7
	イギリス・オーストリア・ロシアなどが第2回対仏大同盟を結ぶ。
1799年	11月、ブリュメール18日のクーデター。**ナポレオン**が統領政府を樹立する。

エカチェリーナ2世

関連事項 **1** **3**

女帝

▶▶▶ 1729-1796 （在位：1762～1796）

ロシアの女帝。女帝エリザヴェータの甥ピョートルと結婚するが、夫がロシア皇帝として即位すると、プロイセンと講和条約を結んだため、クーデターを起こし、自らが帝位についた。「県行政令」による貴族主体の地方分権の推進や農奴制の強化などを行ない、貴族の黄金時代を作り上げた。ポーランド分割、ロシア＝トルコ戦争、クリム＝ハン国の併合などによりロシアを強国に押し上げたため、大帝と称されている。

1789年7月 フランス革命が勃発！
1792年 王政が倒れ共和制へ移行。

1791年、漂流民の大黒屋光太夫、エカテリーナ2世に謁見する。

1792年、ラクスマンを派遣し、通商を要求する。

サンクト・ペテルブルク
ロシア帝国
ポーランド王国
プロイセン王国
オーストリア帝国
イギリス
フランス帝国
サルデーニャ王国
スペイン王国
ポルトガル王国
ウィーン
イスタンブール
クリミア半島
カスピ海
オスマン帝国
アフシャール朝
地中海
ドゥッラーニー朝
シク教国
ムガル帝国
デリー
アラビア半島
アラビア海
清
北京
日本
江戸
コンバウン朝
黎朝
シャム
広南朝
抗争
インド洋

1772年、ロシア、プロイセン、オーストリアにより、第1次ポーランド分割が行なわれる。

1768年、1787年の2度にわたる露土戦争で、ロシアがクリミア半島を獲得する。

田沼意次が重商主義への転換を図るも失敗し、1787年より松平定信の緊縮財政が始まる。

フランス王室浪費の象徴となったヴェルサイユ宮殿。フランスは貴族や聖職者に対する課税問題から革命への歩みが始まる。

ロベスピエール

革命家

▶▶▶ 1758-1794

フランス革命期の政治家。1769年にパリのルイ・ル・グラン学院に入学し、啓蒙思想に触れる。1789年に全国三部会の議員に選ばれ、やがてジャコバン派のリーダーとなる。王政崩壊後、ジロンド派を追放して実権を握ると、革命遂行のための政策を次々に実施。一方で反革命派やジロンド派などを即決裁判で断頭台に送る恐怖政治を展開した。そのため反発も強く、1794年7月のテルミドール9日のクーデターで失脚し、サン・ジュストら同志とともに処刑された。

関連事項 **4** **5** **6** **7**

田沼意次（たぬまおきつぐ）

権力者

▶▶▶ 1720-1788

江戸時代の側用人、老中。1767年に側用人となり徳川家治のもとで幕政を主導して、幕府財政の立て直しを図った。問屋、株仲間を育成し、貿易では鎖国政策を緩め金銀を輸入した。蝦夷地開発政策なども計画していたが、将軍徳川家治の死をきっかけに失脚した。

関連事項 **1** **2**

18世紀後期（1771年～1800年）

田沼意次が老中に就任した頃、アメリカ独立戦争で**ジョージ・ワシントン**が活躍！

第3章　近世・近代 ── 一体化した世界と激動の歴史を紡いだ人々

― フランス帝国とその同盟国
　植民地を置く欧州勢力

ナポレオン・ボナパルト 英雄

▶▶▶ 1769-1821（在位：1804〜1814）

フランス第1帝政の皇帝。フランス革命時には革命軍として活躍し、イタリア遠征やエジプト遠征を行なった。1799年にクーデターを起こし総裁政府を倒すと、1804年に国民投票によりナポレオン1世として皇帝に即位し、第1帝政を開始する。1796年から1815年までの間ナポレオン戦争と呼ばれる征服戦争を行ないヨーロッパの支配を目指したが、ロシア遠征の失敗を機に各国で解放戦争が起こり、1814年に退位してエルバ島に流された。翌年にはエルバ島を脱出し復位を遂げるがワーテルローの戦いに敗れて、セントヘレナ島に流された。 関連事項 ①②④⑤⑥⑦

《この時代の主な出来事》

日本史

1804年	9月、ロシア使節レザノフ、長崎に来航し通商を要求する。
1808年	7月、**間宮林蔵**が樺太を探査する。
	8月、フェートン号事件が起こり、長崎奉行が切腹する。
1814年	**滝沢馬琴**、『南総里見八犬伝』を刊行。
1815年	**杉田玄白**が『蘭学事始』を著わす。
1821年	『大日本沿海輿地全図』が完成する。❶
1825年	2月、異国船打払令が発布され、日本沿岸に近づく外国船の撃退が命じれる。
1828年	10月、シーボルト事件が起こる。
1830年	御蔭参りが流行し、500万人が伊勢神宮に参拝する。
1833年	天保の大飢饉が起こる。
1834年	**水野忠邦**が老中に就任し、天保の改革に着手する。

世界史

1804年	5月、**ナポレオン**、フランス皇帝に即位し、**ジョゼフィーヌ**への戴冠式が行なわれる。❶
1805年	10月、トラファルガー海戦で**ネルソン**がフランス軍を破る。❷
	ムハンマド・アリーがエジプト総督に就任する。❸
1806年	ライン同盟が成立し、神聖ローマ帝国が消滅する。❹
1808年	フランス軍、スペインに侵攻し、**カルロス4世**らが国外へ亡命。
	スペインで**フェルナンド7世**が即位するも、ナポレオンの兄ジョゼフ（ホセ1世）が王位を奪う。
1811年	**シモン・ボリバル**によりベネズエラが解放され、独立する。
1812年	ナポレオン、ロシア遠征に失敗する。❺
1814年	フランスでブルボン朝が復活する。
	11月、ウィーン会議が始まる。
1815年	**ナポレオン**、エルバ島を脱出し復位する。❻
	ウィーン議定書が締結される。
	ナポレオンがワーテルローの戦いに敗れ、セント・ヘレナ島へ流される。❼
1821年	ギリシア独立戦争が起こる。
1830年	フランス、七月革命が勃発して**シャルル10世**が退位。立憲君主制が成立する。
	9月、リバプール〜マンチェスター間に鉄道が開通する。

西部開拓を推進し、太平洋を目指す。

アメリカ合衆国

1823年、モンロー宣言を行ってヨーロッパ諸国の干渉を排除。

シモン・ボリバル、サン・マルティンらにより、ベネズエラ、大コロンビア、アルト・ペルー、ブラジルなどが次々に独立する。

支援

大西洋

太平洋

ホレーショ・ネルソン 海軍軍人

▶▶▶ 1758-1805

イギリスの海軍提督。アメリカ独立戦争、ナポレオン戦争のほか、アブキール湾の戦いやトラファルガー海戦で活躍した。トラファルガー沖の海戦ではフランス・スペイン連合艦隊を破り、**ナポレオン1世**のイギリス本土上陸を阻止したが、自らも旗艦ヴィクトリー号上で戦死した。「ネルソン・タッチ」と呼ばれる海戦戦術が有名。 関連事項 ②

どんな時代？

1801年、日本では伊能忠敬が全国の測量を開始。1816年より測量したデータを元に『大日本沿海輿地全図』の制作を開始した。

大きな戦乱がなく、文化が成熟していく日本に対し、ヨーロッパはフランス革命の動揺が続く。ナポレオンが1804年にフランス皇帝に即位すると、強力な軍隊を率いて各国への侵入を繰り返し、ヨーロッパ全土を戦乱の渦に巻き込んでいた。またオスマン帝国の弱体化が進み、エジプトでムハンマド・アリーが独立した。

世界史を変えた戦い
1812年 ナポレオンのロシア遠征

大陸封鎖令を無視してイギリスへ穀物輸出を再開したロシアに対し、制裁を加えるべくナポレオンは60万の大軍を動員してモスクワを目指した。ロシア側はこれに焦土作戦で対抗する。9月、ナポレオンがモスクワに迫ると、これを焼き払ってしまったのである。結果、ナポレオンはモスクワ入城を果たしたものの、補給に困窮し、飢えと寒さで兵士を次々に失っていった。
やむなく10月、ナポレオンは撤退を開始。その途中でロシア軍や民兵の追撃を受けてフランス軍は壊滅する。

『ナポレオンのモスクワからの退却』アドルフ・ノーザン

伊能忠敬（いのうただたか） ▶▶▶ 1745-1818
商人・測量家

江戸時代の測量家、地理学者。日本で最初の近代的な日本地図『大日本沿海輿地全図』の作成に尽力した。隠居後、佐原から江戸に上り西洋天文学を学ぶと、幕府から許可を得て、56歳から72歳までの間、日本全国の沿岸を測量して近代的な日本地図作成の基礎を築いた。
関連事項 ①

- ナポレオンの欧州制覇の野望に対し、第3回対仏大同盟で対抗。
- 1806年、神聖ローマ帝国が解体される。
- 弱体化したオスマン帝国領からの南下を企図する。
- 1829年、ギリシアが独立する。
- エジプト総督ムハンマド・アリーが独立の動きを加速。
- インドは英領となり植民地化が進む。
- 西洋諸国の通商を求める動きに対し、鎖国を貫く一方、天保の改革を進める。

イギリス／プロイセン王国／ワルシャワ大公国／フランス帝国／オーストリア帝国／サルデーニャ王国／スペイン／ポルトガル王国／モスクワ／ロシア帝国／イスタンブール／地中海／オスマン帝国／カスピ海／カジャール朝／ドゥッラーニー朝／シク教国／ムガル帝国／マラータ同盟／マイソール王国／アラビア海／イギリス／清／北京／コンバウン朝／シャム／阮朝越南国／スペイン／日本／江戸／インド洋／オランダ

ナポレオン軍に勝利したネルソンの旗艦「ヴィクトリー」号。現在はポーツマスで記念艦として展示されている。

ムハンマド・アリー ▶▶▶ 1769-1849
名君

エジプト総督、ムハンマド・アリー朝の創始者。1801年、ナポレオンの侵攻に対してオスマン帝国からエジプトに派遣されると、ナポレオン退却後に旧支配階層マムルーク勢力を一掃して独立。近代化を進めつつ、アラビア半島やスーダンへ出兵して領土拡張政策を進めた。1831年にはシリアをオスマン帝国から奪い、東方問題を引き起こした。
関連事項 ③

19世紀前期（1801年〜1835年）
伊能忠敬が全国の測量を開始した頃、ナポレオンがフランス皇帝に即位！

第3章 近世・近代──一体化した世界と激動の歴史を紡いだ人々

どんな時代？

1853年、太平の世を謳歌してきた日本であったが、ペリー来航を受けて動乱の時代に突入する。開国・攘夷が分かれるなか、1858年、井伊直弼が大老に就任。開国へと舵を切る。井伊はその後安政の大獄で反対派を弾圧し、1860年、桜田門外で暗殺された。

中国では清朝が衰退期に入り、列強が続々と進出するなかで、1840年に始まるイギリスとのアヘン戦争に敗北。以降、欧米諸国による植民地化が進んだ。そうしたなか、洪秀全が天のお告げを受けて太平天国を建国。インドにおいてもシパーヒーの乱が起こり、植民地支配に対する抵抗運動が高まりを見せた。

← ロシアの南下

イギリス
プロイセン王国 — 干渉 — **フランス**
オーストリア帝国
1866年、ドイツ統一の主導権、シュレスヴィヒ・ホルシュタインの帰属をめぐり、普墺戦争が起こる。
サルデーニャ王国 — ローマ
スペイン
イタリアでは統一の機運が高まり、1849年にはマッツィーニがローマ共和国を建てるも、フランスの干渉により失敗。次いでサルデーニャ王国が統一の先頭に立つ。

ロシア帝国
貿易赤字解消のため、アヘンを密輸。清国が取締りを行なうと、1840年にアヘン戦争を起こした。

オスマン帝国
カスピ海
地中海
エジプト
2次にわたり、エジプト・トルコ戦争が起こる。

1858年、ムガル帝国が滅亡。
1857年、シパーヒーの乱が起こる。
英領インド
アラビア海
インド洋

清
1851年、太平天国の乱が起こる。
幕府軍の近代化などに協力し、接近する。また、横須賀製鉄所がフランス資本により建設される。

ナポレオン3世　怪帝
▶▶▶ **1808-1873**

フランスの第2帝政の皇帝。ナポレオン1世の甥であり国外に亡命していたが、二月革命後に帰国。立憲議会議員、共和国大統領を経て**1852年に国民投票によりフランス皇帝となると**、クリミア戦争、イタリア統一戦争などに参戦した。しかし、メキシコ出兵の失敗から国内で不満が高まり、1870年の普仏戦争では遠征先のセダンで捕虜になるという失態を犯し敗北。国内では帝政打倒の蜂起が起こり、イギリスへ亡命し、同国で没した。　関連事項 **1 3 4**

ラクシュミー・バーイー　闘士・革命家
▶▶▶ **1835-1858**

マラーター同盟の小王国ジャーンシー藩王国の王妃、またはマラーター同盟の諸侯の末裔ともいわれる。**1857年に発生したシパーヒーの乱の指導者となり**、イギリス軍相手に勇戦し、6月、グワーリヤル城を占拠するも、攻め寄せたイギリス軍との攻防のなかで戦死した。「インドのジャンヌ・ダルク」とも称される。　関連事項 **5**

19世紀中期
（1836年〜1865年）

井伊直弼が強権を振るっていた頃、洪秀全が太平天国の乱を起こす

洪秀全 ▶▶▶ 1814-1864　革命家

太平天国の動乱の指導者。熱病にかかった際に見た夢とキリスト教の伝導書『勧世良言』から、自らをヤハウェの子、キリストの弟と確信し、宗教結社上帝会を組織してキリスト教を布教した。**1851年には自ら天王と称し、挙兵**。国名を太平天国とした。1853年に南京を占領し天京と改名するが、1864年までに天京を包囲され、陥落直前に病没した。　関連事項 ❷

戦場公園として保存される、南北戦争最大の激戦地となったゲティスバーグの古戦場。

清国の惨状を見た志士たちの間に倒幕の機運が生まれる。

1854年、日米和親条約をもって開国。以後、開国・攘夷を巡り、国論が二分され幕末の動乱へ。

太平洋

1853年、ペリーが開国を迫る。

1861年、南北戦争が勃発！

日本　　アメリカ合衆国

井伊直弼 ▶▶▶ 1815-1860　関連事項 ❶❷❸❹　権力者

幕末江戸幕府の大老で、彦根藩主。国学者・長野義言に学んだ後、1850年、兄の死に伴い藩主となる。1853年のペリー来航に際しては和平を主張し、将軍家定の継嗣問題が起こると、紀州藩の徳川慶福を推した。1858年に大老に就任すると、勅許を得ないまま通商条約に調印。さらに戊午の密勅を契機に一橋派の弾圧（安政の大獄）を行なった。これにより強い恨みを買った井伊は、1860年3月、水戸・薩摩の浪士によって桜田門外で暗殺された。

《この時代の主な出来事》

日本史

1837年	**大塩平八郎**の乱が起こる。
	アメリカ船モリソン号を浦賀で砲撃する。
1839年	**水野忠邦**が老中首座に就任する。
1842年	薪水給与令が出され、打払令が緩和される。
1853年	アメリカの**ペリー**が浦賀に来航する。
1854年	日米和親条約が締結される。
1858年	4月、**井伊直弼**、大老に就任する。❶
	6月、日米修好通商条約が締結される。❷
	9月、安政の大獄が始まる。❸
1860年	桜田門外の変。水戸浪士らが井伊直弼を暗殺する。❹
1862年	生麦事件。薩摩藩士がイギリス人を殺傷する。

世界史

1840年	アヘン戦争が起こる。
1848年	フランス、二月革命で共和制が成立する。❶
1851年	**洪秀全**、宗教結社の信徒と太平天国の建国を宣言する。❷
	ロンドンで世界初の万国博覧会が開催される。
1852年	フランスで**ナポレオン3世**が帝位につき、第2帝政が始まる。❸
1853年	クリミア戦争が勃発。ロシアがオスマン帝国に開戦する。❹
1857年	シパーヒー（セポイ）の蜂起を機に、インドで大反乱が起こる。❺
1858年	イギリスのインド直轄統治が始まる。
1861年	イタリア王国が成立する。
	ロシアで農奴解放令が発令される。
	アメリカで南北戦争が起こる。
1863年	**リンカーン**、奴隷解放宣言を行なう。
1865年	**リンカーン**が暗殺される。

第3章　近世・近代──一体化した世界と激動の歴史を紡いだ人々

ビスマルク
▶▶▶ 1815-1898
鉄血宰相

ユンカー出身のプロイセン宰相で、鉄血政策を推進して参謀総長モルトケとともに軍備拡張を進めた。また巧みな外交手腕によって1866年の普墺戦争でオーストリアを、1870年の普仏戦争でフランスを破って**ドイツ統一を完成**。ヴェルサイユ宮殿でのヴィルヘルム1世の即位式を実現した。以後も三国同盟（1882年）や再保障条約（1887年）などによってフランスの孤立を維持し続けた。関連事項 3

- 倒幕勢力に接近。江戸城開城にもイギリスの意志が働いたという。
- 1871年、普仏戦争の勝利に伴い、ドイツ帝国が成立！
- 1876年、アブドゥルハミト2世の専制が始まる。
- 地中海を通っての南下に失敗したロシアは、太平洋からの南下を企図。のちに日露戦争へとつながる。
- アヘン戦争の敗北後、列強の植民地化が進む。清朝の光緒帝が改革を行なうも、西太后に潰される。
- 1880年、イギリス、アフガニスタンを保護国化。
- 1886年、イギリス、ビルマを併合。
- 1870年、サルデーニャ王国が中心となってイタリアが統一される。
- 1870年、普仏戦争ドイツ統一を巡る衝突で、ナポレオン3世が捕虜となり、第2帝政も崩壊！
- 1875年にスエズ運河の株をイギリスが買収。1882年、イギリスにより占領。

地名: イギリス / ドイツ帝国 / ベルリン / パリ / フランス / スペイン王国 / オーストリア＝ハンガリー帝国 / ローマ / イタリア王国 / ロシア帝国 / イスタンブール / カスピ海 / オスマン帝国 / 地中海 / エルサレム / エジプト / 紅海 / アラビア半島 / カジャール朝 / アラビア海 / 英領インド帝国 / 清 / 北京 / 香港 / マカオ / タイ / 仏領インドシナ / インド洋 / 蘭領東インド

ジョセッペ・ガリバルディ
▶▶▶ 1807-1882
革命家

ニース出身の革命家。マッツィーニの青年イタリアに加わり、南米の独立運動に参加。1848年の帰国後はイタリアの統一に邁進して1860年には1000人の義勇兵を率いてシチリア及び南イタリアの征服に成功。北進を続けたが、同年、同様に統一を目指す**サルデーニャ王国のヴィットリオ・エマヌエーレ2世**に征服地を献上した。その後カプレーラ島へと引いたが、1870年の普仏戦争ではフランスに請われて参戦した。関連事項 2

どんな時代？

幕末の動乱のなかで、1866年、坂本龍馬が仲介となって薩長同盟が成立。時代は倒幕へと傾き、大政奉還を経て日本に近代国家が誕生する。

帝国主義全盛のヨーロッパは、英仏によりリードされてきたが、イタリアにおいてガリバルディが、プロイセンにおいてはビスマルクが登場し、それぞれイタリアとドイツの統一の原動力となった。以後ドイツ・イタリア・日本が新興の帝国主義国家として世界に乗り出していく。

19世紀後期（1866年～1900年）

坂本龍馬が薩長同盟を成立させた頃、ビスマルクが、ドイツの統一に成功！

西太后 ▶▶▶ 1835-1908　権力者

清朝咸豊帝の側室で、同治帝の母。恭親王と結んで実権を握ると、同治帝の没後は甥の光緒帝の摂政となって権勢を誇った。1887年より光緒帝が親政を始めると一時政務を離れたが、1898年に戊戌の政変を起こして**変法運動**を弾圧し、譚嗣同ら中心人物を処刑。さらに光緒帝を幽閉して実権を奪い返した。　関連事項 ４ ５

1867年に幕府が倒れ、近代国家へと脱皮！

南北戦争終結後、大量の武器が日本へ入る。

1869年、大陸横断鉄道が開通。海洋進出を本格化させる。

日本　京都　東京　長崎　　太平洋　　アメリカ合衆国

坂本龍馬　志士・貿易商　▶▶▶ 1835-1867

幕末の志士。土佐藩の郷士だったが、脱藩。江戸に上り、幕臣の勝海舟に師事する。対立関係にあった薩摩藩と長州藩を説得し、1866年に**薩長同盟**を成立させた。翌年の大政奉還の直後に京都の近江屋で暗殺される。海援隊を組織し海運、貿易を行なったことでも評価が高い。　関連事項 １

ユリシーズ・グラント　軍事指揮官　▶▶▶ 1822-1885

アメリカの軍人で政治家。米墨戦争に従軍して功績を挙げ、リンカーンのもとで南北戦争を戦い、1664年から北軍の総司令官を務めた。南北戦争終結後、**1868年の大統領選挙**に出馬して第18代大統領に就任したが、不正に甘く官僚と癒着したため人気が急落した。1879年に来日し、明治天皇と会見している。晩年は投資に失敗して破産するも、自伝が大ヒットした。　関連事項 １

《この時代の主な出来事》

日本史
年	出来事
1866年	薩長同盟が成立する。 １
1867年	大政奉還。15代将軍**徳川慶喜**、政権を返上する。
1868年	戊辰戦争が勃発する。
1871年	廃藩置県が行なわれる。
1877年	西南戦争が起こる。
1889年	大日本帝国憲法が発布される。
1894年	日清戦争が始まる。

世界史
年	出来事
1867年	**ノーベル**がダイナマイトを発明する。
1868年	**グラント**が第18代アメリカ合衆国大統領に就任する。 １
1869年	スエズ運河が開通する。
1870年	イタリアが統一される。 ２
1871年	ドイツ帝国が成立する。 ３
1887年	フランス領インドシナ連邦が成立する。
1898年	戊戌の政変により清の変法運動が弾圧される。 ４
1900年	義和団事件。白蓮教系集団の蜂起に八か国が共同出兵する。 ５

第3章　近世・近代 ── 一体化した世界と激動の歴史を紡いだ人々

どんな時代？

日露戦争の勝利によって朝鮮・満洲での権益を確固とした日本は、大陸進出を積極化させていく。そうしたなか、1909年、伊藤博文がハルビン駅にて安重根に暗殺され、日韓併合が進められた。

その頃ヨーロッパでは南仏においてファーブルが『昆虫記』を執筆していたが、きな臭い空気が漂いつつあった。ドイツのヴィルヘルム2世が積極的な植民地政策を展開して、ビスマルク外交を破綻させると、ヨーロッパには英仏露の三国協商とドイツ・オーストリア・オスマン帝国・ブルガリアからなる同盟国の対立構造が出来上がる。そして1914年、サラエヴォの銃声が未曾有の大戦を引き起こすこととなる。

■ 主なイギリス領

カナダ連邦

第一次世界大戦のイーペルの戦いで行方不明となった兵士たちのために建てられたタイン・コット記念碑と墓地。1915年4月には人類史上初の大規模な毒ガス攻撃が行なわれた。

太平洋

アメリカ合衆国

1898年、ハワイを併合。

カリブ海及び太平洋への進出を進める。日露戦争では日本に味方したが、次第に対立路線へ移行する。

大西洋

パナマ

1914年、パナマ運河が開通する。

《 この時代の主な出来事 》

日本史

年	出来事
1902年	日英同盟が締結される。
1904年	日露戦争が始まる。
1905年	日本軍が奉天会戦と日本海海戦に勝利する。
1907年	ハーグ密使事件が起こる。
1909年	**伊藤博文**がハルビンで暗殺される。❶
1915年	対華二十一カ条の要求が行なわれる。
1920年	国際連盟に加入。常任理事国となる。

世界史

年	出来事
1905年	1月、ロシアで血の日曜日事件が起こる。❶
	アインシュタインが特殊相対性理論を発表する。
	第1次モロッコ事件が起こる。❷
1907年	三国協商が締結される。
1911年	清で、辛亥革命が起こる。
1914年	6月、サラエヴォ事件が起こる。
	7月、第1次世界大戦が始まる。❸
	8月、パナマ運河が開通する。
1915年	**ファーブル**が没する。❹
1917年	ロシア二月革命が起こる。❺
1918年	**ニコライ2世**一家が処刑される。❻
	11月、**ヴィルヘルム2世**が退位し、ドイツ共和国宣言が行なわれる。❼
1919年	ヴェルサイユ条約が締結される。

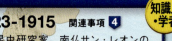

ジャン・アンリ・ファーブル

知識人・学者

▶▶▶ 1823-1915　関連事項 ❹

フランスの昆虫研究家。南仏サン・レオンの貧農の子として生まれ、苦学の末、アヴィニョン師範学校を卒業。教師生活のなか、独学で物理・数学・博物学の学士号と博物学博士号を取得。さらにこの間、博物学に傾倒したことがきっかけとなり、1871年に教職を退くと、**オランジュに移転して『昆虫記』の第1巻を上梓**。さらにセリニャンの村はずれに小さな畑のついた家を購入すると、研究と執筆の日々を過ごし、『昆虫記』の第2巻から第10巻までを書き上げ、第11巻の執筆中、91歳で没した。

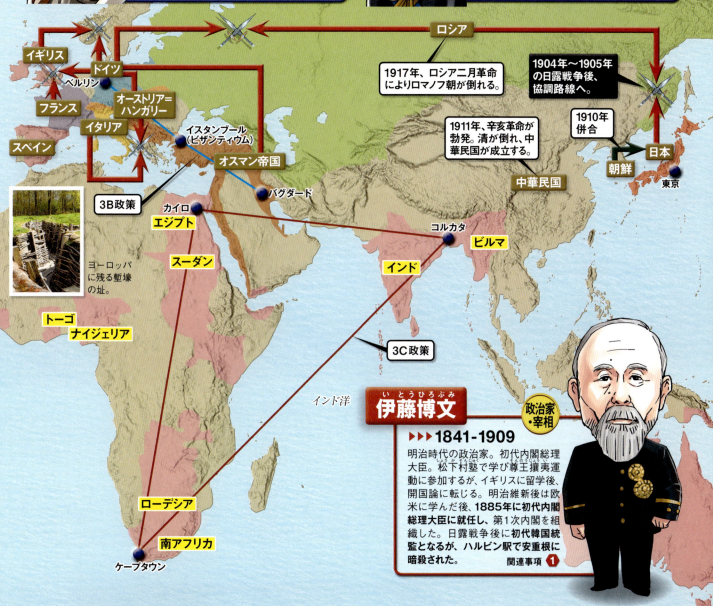

ヴィルヘルム2世　暴君
関連事項 ②③⑦

▶▶▶ 1859-1941（在位：1888～1918）

ドイツ皇帝およびプロイセン王。皇帝に即位するや、それまでフランスの孤立に重点を置き、巧みな外交を展開してきた宰相ビスマルクを辞任させ、**積極的な海外進出に乗り出した**。結果、ロシアとの再保障条約の不更新、近東への進出などによる英露との対立を引き起こした。さらにはモロッコ問題でフランスと衝突。多方面に敵を作ってしまう。1914年に勃発した第1次世界大戦では、英仏露を敵に回し、敗北。1918年のドイツ革命でオランダへの亡命へと追い込まれた。

ニコライ2世　悲劇の皇帝
関連事項 ①③⑤⑥

▶▶▶ 1868-1918（在位：1894～1917）

ロシアロマノフ朝最後の皇帝。アレクサンドル3世の長男で、皇太子時代に日本を訪れて大津事件に巻き込まれた経験を持つ。**積極的な極東政策を推進し、1904年、日本との間に日露戦争が勃発**。さなかに第一次ロシア革命が起こるなどしたこともあり、これに敗れた。第一次世界大戦に参戦すると、ますます民心は離れ、1917年の二月革命で逮捕幽閉され、翌年、エカテリンブルクで家族と共に殺害された。

伊藤博文（いとうひろぶみ）　政治家・宰相

▶▶▶ 1841-1909

明治時代の政治家。初代内閣総理大臣。松下村塾で学び尊王攘夷運動に参加するが、イギリスに留学後、開国論に転じる。明治維新後は欧米に学んだ後、**1885年に初代内閣総理大臣に就任し、第1次内閣を組織した**。日露戦争後に初代韓国統監となるが、ハルビン駅で安重根に暗殺された。

関連事項 ①

20世紀初頭（1901年～1920年）

伊藤博文がハルビン駅で暗殺された頃、ファーブルが『昆虫記』を執筆

第3章　近世・近代 ―― 一体化した世界と激動の歴史を紡いだ人々　91

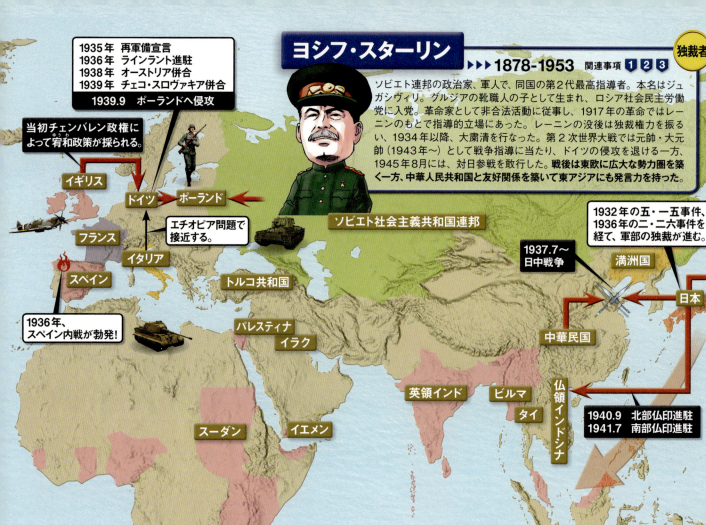

1935年 再軍備宣言
1936年 ラインラント進駐
1938年 オーストリア併合
1939年 チェコ・スロヴァキア併合
1939.9 ポーランドへ侵攻

当初チェンバレン政権によって宥和政策が採られる。

イギリス
ドイツ
ポーランド
フランス
エチオピア問題で接近する。
イタリア
スペイン
1936年、スペイン内戦が勃発！

ヨシフ・スターリン
▶▶▶ 1878-1953　関連事項 ① ② ③　独裁者

ソビエト連邦の政治家、軍人で、同国の第2代最高指導者。本名はジュガシヴィリ。グルジアの靴職人の子として生まれ、ロシア社会民主労働党に入党。革命家として非合法活動に従事し、1917年の革命ではレーニンのもとで指導的立場にあった。レーニンの没後は独裁権力を振るい、1934年以降、大粛清を行なった。第2次世界大戦では元帥・大元帥（1943年～）として戦争指導に当たり、ドイツの侵攻を退ける一方、1945年8月には、対日参戦を敢行した。戦後は東欧に広大な勢力圏を築く一方、中華人民共和国と友好関係を築いて東アジアにも発言力を持った。

ソビエト社会主義共和国連邦

1932年の五・一五事件、1936年の二・二六事件を経て、軍部の独裁が進む。

1937.7～
日中戦争

満洲国
日本
中華民国

トルコ共和国
パレスティナ
イラク
英領インド
ビルマ
タイ
仏領インドシナ

1940.9 北部仏印進駐
1941.7 南部仏印進駐

スーダン
イエメン
東アフリカ

蘭領東インド

主なイギリス領

オーストラリア

どんな時代？

国際連盟の設立や軍縮条約によって第一次世界大戦後に進んでいた軍縮気運は、1929年の世界恐慌後一変する。イギリスやアメリカなど植民地や大きな経済圏を持つ国家はブロック経済によって建て直しをはかったが、植民地を失っていたドイツ経済は復興の過程で破滅的状況となった。ここにヒトラー率いるナチ党が台頭。再軍備と侵略を開始した。世界は、第2次世界大戦へと突入していく。

ホー・チ・ミン
▶▶▶ 1890-1969　政治指導者

ベトナムの革命家で、ベトナム民主共和国の初代主席。本名はグエン＝タトゥ＝タン。ホー・チ・ミンは1942年に中国へ行った際に用いた変名の一つだった。ロシア革命の影響を受けてマルクス・レーニン主義に傾倒し、1930年にベトナム共産党を組織した。1945年、日本軍がフランスを仏領インドシナから追うと、日本降伏の際に決起してベトナム民主共和国の成立を宣言した。**フランスが再び支配者として戻ると対仏独立戦争を主導**。1954年、ジュネーヴ休戦条約でフランスをベトナムから追い払った。さらに南北分断のなかで統一をかけてアメリカとベトナム戦争を戦い、1969年に没した。

関連事項 ④

20世紀中頃（1921年～1945年）

鈴木貫太郎が
二・二六事件で襲撃された頃、
スターリンが大粛清を行なった！

ハリー・S・トルーマン

▶▶▶ 1884-1972　　政治家・大統領

アメリカの第33代大統領。ミズーリ州の農家の出身。第1次世界大戦への従軍後、夜学で法律を学んで1934年に民主党上院議員として初選出された。1944年にはフランクリン・ローズヴェルトの副大統領候補に指名され、1945年4月のローズベルトの急死により大統領に昇格した。7月のポツダム会談では、日本に無条件降伏を迫るポツダム宣言に署名する一方、その直後に**完成したばかりの原爆を広島・長崎に落とした**。戦後は共産圏封じ込めのため、トルーマン＝ドクトリンを掲げて西欧の経済復興を支援し、1948年のベルリン空輸、1949年の北大西洋条約機構（NATO）結成など、**冷戦外交を展開**。1950年の朝鮮戦争では原爆使用を主張するマッカーサーの意見を退けた。　関連事項 ③

カナダ連邦

アメリカ合衆国

1929年 世界恐慌！

中国の権益を巡り対立が激化。満洲事変、北部仏印進駐でアメリカが日本を強く批判し、屑鉄、つい で石油の輸出を止めると、1941年11月、中国からの全面撤退を求める「ハル・ノート」を提示する。

1941.12.8　太平洋戦争勃発。

鈴木貫太郎（すずきかんたろう）

▶▶▶ 1867-1948　　宰相・軍人　　関連事項 ① ②

海軍軍人で政治家。1887年に海軍兵学校（14期）卒業。1904年に始まる日露戦争では第四駆逐隊司令として日本海海戦で活躍した。1923年に海軍大将へ昇進。1929年の侍従長兼枢密顧問官就任後、1930年のロンドン海軍軍縮条約調印を支持したため、1936年、二・二六事件で襲撃される。重傷を負ったものの、九死に一生を得た鈴木は1945年4月、対米戦争の敗色が濃厚となるなかで首相に就任。**本土決戦体制への強化を図る一方、終戦の道を探った**。原爆投下とソ連参戦を受けてポツダム宣言を受諾。日本を終戦へと導いた。

キューバ

パナマ

世界史を変えた戦い　真珠湾攻撃

1941年12月8日（日本時間）早朝、空母6隻を基幹とする日本海軍機動部隊の飛行機353機がハワイのオアフ島真珠湾にあるアメリカ太平洋艦隊の基地および航空基地を奇襲。戦艦4隻を沈没させ、4隻を大破させるなど、多数の艦艇、飛行機、人員に大損害を与えた。
　この攻撃は航空攻撃で始めて戦艦を沈めた例となり、以後の海上戦が航空主兵になる端緒をつくった。

《この時代の主な出来事》

日本史

年	出来事
1922年	ワシントン海軍軍縮条約に調印する。
1923年	関東大震災が起こる。
1927年	金融恐慌が起こる。
1930年	ロンドン海軍軍縮会議に出席する。
1931年	柳条湖事件、満州事変が勃発する。
1932年	五・一五事件が起こる。
1933年	国際連盟を脱退する。
1936年	二・二六事件が起こる。 ①
1937年	盧溝橋事件、日中戦争が勃発する。
	日独伊防共協定を締結する。
1939年	ノモンハン事件が起こる。
1941年	ハワイ真珠湾を奇襲攻撃する。
1945年	8月、広島・長崎に原爆が投下される。
	8月14日、ポツダム宣言を受諾する。 ②

世界史

年	出来事
1929年	2月、ラテラノ条約でヴァチカン市国の独立が承認される。
	10月、世界恐慌が起こる。
1933年	ドイツで**ヒトラー**が首相に就任する。
1936年	7月、スペイン内戦が始まる。
1937年	4月、ドイツ空軍、ゲルニカを爆撃する。
1938年	ミュンヘン会談が行なわれる。
1939年	8月、独ソ不可侵条約が締結される。 ①
	9月、ポーランドに侵攻したドイツに対し英仏が宣戦。第2次世界大戦が始まる。
1940年	6月、フランス、ドイツに降伏する。
1941年	6月、独ソ戦始まる。 ②
1944年	6月、ノルマンディー上陸作戦が行なわれ、8月、パリが解放される。
1945年	5月、ドイツ、無条件降伏する。
	7月、ポツダム会談が行なわれる。 ③
	9月、ベトナム民主共和国が独立を宣言する。 ④

第3章　近世・近代──一体化した世界と激動の歴史を紡いだ人々

第3章の和暦・西暦対照表

時代	元号	西暦
戦国時代	天文（てんぶん）	1532〜1555
戦国時代	弘治（こうじ）	1555〜1558
戦国時代	永禄（えいろく）	1558〜1570
戦国時代	元亀（げんき）	1570〜1573
安土桃山時代	天正（てんしょう）	1573〜1592
安土桃山時代	文禄（ぶんろく）	1592〜1596
安土桃山時代	慶長（けいちょう）	1596〜1615
江戸時代	元和（げんな）	1615〜1624
江戸時代	寛永（かんえい）	1624〜1644
江戸時代	正保（しょうほう）	1644〜1648
江戸時代	慶安（けいあん）	1648〜1652
江戸時代	承応（じょうおう）	1652〜1655
江戸時代	明暦（めいれき）	1655〜1658
江戸時代	万治（まんじ）	1658〜1661
江戸時代	寛文（かんぶん）	1661〜1673
江戸時代	延宝（えんぽう）	1673〜1681
江戸時代	天和（てんな）	1681〜1684
江戸時代	貞享（じょうきょう）	1684〜1688
江戸時代	元禄（げんろく）	1688〜1704
江戸時代	宝永（ほうえい）	1704〜1711
江戸時代	正徳（しょうとく）	1711〜1716
江戸時代	享保（きょうほう）	1716〜1736
江戸時代	元文（げんぶん）	1736〜1741
江戸時代	寛保（かんぽう）	1741〜1744
江戸時代	延享（えんきょう）	1744〜1748
江戸時代	寛延（かんえん）	1748〜1751
江戸時代	宝暦（ほうれき）	1751〜1764
江戸時代	明和（めいわ）	1764〜1772
江戸時代	安永（あんえい）	1772〜1781
江戸時代	天明（てんめい）	1781〜1789
江戸時代	寛政（かんせい）	1789〜1801
江戸時代	享和（きょうわ）	1801〜1804
江戸時代	文化（ぶんか）	1804〜1818
江戸時代	文政（ぶんせい）	1818〜1830
江戸時代	天保（てんぽう）	1830〜1844
江戸時代	弘化（こうか）	1844〜1848
江戸時代	嘉永（かえい）	1848〜1854
江戸時代	安政（あんせい）	1854〜1860
江戸時代	万延（まんえん）	1860〜1861
江戸時代	文久（ぶんきゅう）	1861〜1864
江戸時代	元治（げんじ）	1864〜1865
江戸時代	慶応（けいおう）	1865〜1868
明治以降	明治（めいじ）	1868〜1912
明治以降	大正（たいしょう）	1912〜1926
明治以降	昭和（しょうわ）	1926〜1989

参考文献

『新装版 世界史のための人名辞典』水村光男編著、『改訂版 世界史B用語集』全国歴史教育研究協議会編、『山川 詳説日本史図録』詳説日本史図録編集委員会編、『日本史人物辞典』日本史広辞典編集委員会編、『詳説世界史研究』木下康彦、吉田寅、木村靖二編、『詳説日本史研究』佐藤信、高埜利彦、鳥海靖、五味文彦編（以上、山川出版社）／『ラルース図説世界史人物百科1（古代-中世「前1800-1492」）（アブラハムからロレンツォ・ディ・メディチまで）』『ラルース図説世界史人物百科2（ルネサンス-啓蒙時代「1492-1789」）（コロンブスからワシントンまで）』『ラルース図説世界史人物百科3（フランス革命-世界大戦前夜「1789-1914」）（ロベスピエールから孫文まで）』『ラルース図説世界史人物百科4（世界大戦-現代「1914-2003」）（チャップリンからサダム・フセインまで）』以上、フランソワ・トレモリエール、カトリーヌ・リシ編、樺山紘一日本語版監修（以上、原書房）／『カペー朝 フランス王朝史1』『ヴァロワ朝 フランス王朝史2』以上、佐藤賢一、『オスマン帝国－イスラム世界の「柔らかい専制」』鈴木董、『神聖ローマ帝国』菊池良生、『日本の歴史09 頼朝の天下草創』山本幸司（以上、講談社）／『最新世界史図説 タペストリー』帝国書院編集部（帝国書院）／『岩波日本史辞典』永原慶二、石上英一（岩波書店）／『歴史がわかる！ 100人日本史』河合敦（光文社）／『歴代天皇総覧－皇位はどう継承されたか』笠原英彦、『物語 スペインの歴史－海洋帝国の黄金時代』岩根圀和、『物語イタリアの歴史－解体から統一まで』藤沢道郎、『物語イギリスの歴史（上）－古代ブリテン島からエリザベス1世まで』君塚直隆、『ルネサンスの歴史（上）黄金世紀のイタリア』『ルネサンスの歴史（下）反宗教改革のイタリア』以上、I・モンタネッリ、R・ジェルヴァーゾ、藤沢道郎訳（以上、中央公論新社）／『近世ヨーロッパ軍事史－ルネサンスからナポレオンまで』アレッサンドロ・バルベーロ、西澤龍生、石黒盛久訳（論創社）／『消えたイングランド王国』桜井俊彰（集英社）／『歴史風景館 世界史のミュージアム』『世界史のパサージュ』（以上、東京法令出版）

著者紹介

歴史の読み方研究会

学校の授業や教科書からは、なかなか見えてこない歴史の側面を探るべく結成されたグループ。通史の調査・情報収集のみならず、年表、系図、歴史的遺物などから、日々新しい読み方を提案している。

装丁：片岡忠彦
カバーイラスト：齋藤 稔（株式会社ジーラム）
本文デザイン・DTP：柿沼みさと
本文イラスト：山寺わかな
写真提供：fotolia、Pixta

［オールカラー図解］日本史＆世界史並列年表〈人物編〉

2017年5月8日　第1版第1刷発行
2018年4月6日　第1版第5刷発行

著　者：歴史の読み方研究会
発行者：後藤淳一
発行所：株式会社PHP研究所
　　　　東京本部　〒135-8137　江東区豊洲 5-6-52
　　　　CVS制作部　☎03-3520-9658（編集）
　　　　普及部　　☎03-3520-9630（販売）
　　　　京都本部　〒601-8411　京都市南区西九条北ノ内町 11
　　　　PHP INTERFACE　https://www.php.co.jp/
印刷所：共同印刷株式会社
製本所：東京美術紙工協業組合

© Rekishino Yomikata Kenkyukai 2017 Printed in Japan　　　　ISBN978-4-569-83601-0
※本書の無断複製（コピー・スキャン・デジタル化等）は著作権法で認められた場合を除き、禁じられています。また、本書を代行業者等に依頼してスキャンやデジタル化することは、いかなる場合でも認められておりません。
※落丁・乱丁本の場合は弊社制作管理部（☎03-3520-9626）へご連絡下さい。送料弊社負担にてお取り替えいたします。

PHPの本

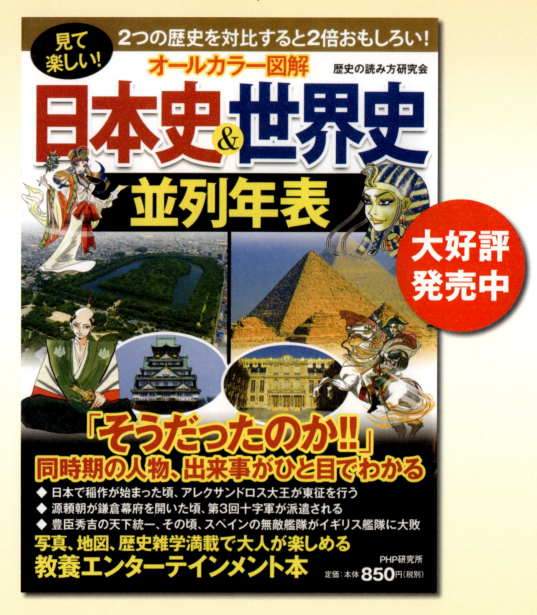

ビジュアル資料満載！ 歴史の流れを体感できる！
日本史と世界史の出来事がひと目でわかる
大人の学び直しに最適の一冊。

定価 本体850円（税別）